라마나의 아루나찰라

Ramana's Arunachala
Ocean of Grace Divine
by Sri Bhagavan's Devotees

Published by V.S. Ramanan, President, Board of Trustees,
Sri Ramanasramam, Tiruvannamalai 606 603, Tamil Nadu, India
(Third edition, 2000)

Copyright © Sri Ramanasramam, Tiruvannamalai
Korean translation copyright © 2004, Sri Krishnadass Ashram
Published under agreement with Sri Ramanasramam.

이 책의 한국어판 저작권은 Sri Ramanasramam과의 계약에 의해
슈리 크리슈나다스 아쉬람에 있습니다.
저작권법에 의해 보호받는 저작물이므로 무단 전재나 복제를 금합니다.

라마나의 아루나찰라

Ocean of Grace Divine

바가반의 헌신자들 지음 | 김병채 옮김

 슈리 크리슈나다스 아쉬람

차례

서문

헌정사

제1부 아루나찰라

1. 아루나찰라의 기원 · 13
2. 아르다나레스와라로서의 아루나찰라 · 23
3. 베다들과 푸라나들에 보이는 아루나찰라에 대한 기록 · 36
4. 티루무라이들이 찬양한 아루나찰라 · 48
5. 아루나찰라: 성자들의 연인 · 77
6. 아루나찰레스와라 사원 · 99
7. 아루나찰라의 의미 · 112
8. 아루나찰라의 모습들 · 118
9. 아루나찰라: 숭고한 신비 · 127
10. 기리프라닥쉬나 · 132
11. 아루나찰라: 감미로운 타밀어의 영감 · 147
12. 축제들 · 153

13. 만물은 아루나찰라를 경배한다 · 171

14. 티루반나말라이의 역사 · 176

15. 지질적으로 낙원인 아루나찰라 · 182

16. 아루나찰라의 숭배 · 188

제2부 아루나찰라 라마나

1. 귀향 · 193

2. 라마나: 자비의 바다 · 215

3. 신들 중의 신 · 219

4. 순박함의 진귀한 화신 · 226

5. 그의 가르침 · 229

6. 자연과 하나로 계시는 분 · 234

7. 구원을 주시는 분 · 238

8. 그는 그들에게 자신의 위대함을 어떻게 보였는가? · 240

9. 그에 대한 헌신 · 242

10. 유례가 없는 성자 · 247

11. 지고의 희생 · 249

12. 마하니르바나 이후 · 255

부록 : 슈리 바가반의 삶에서 있었던 중요한 일들 · 259

서문

이런 유의 책은 사실이나 세부적인 일들의 기록이 아니다. 여기에는 산 안에 있는 아루나찰라, 사원 안에 있는 아루나찰라, 라마나 안에 있는 아루나찰라를 느낀 헌신자들과 현자들, 성자들의 경험들이 기록되어 있다. 그들은 아루나찰라로 살고 아루나찰라로 숨을 쉰다. 아루나찰라에 대해 얘기할 때 그들은 어머니가 아이에 대해, 사랑에 빠진 사람이 연인에 대해 말할 때 그러하듯이, 정연한 용어보다는 경이로움에 가득 찬 목소리와 북받치는 느낌으로 말하고 있다. 독자들은 이 사랑의 향연에 관객으로 초대받는다.

이 책의 저자들이 느끼는 즐거움과 기쁨, 그들이 여기서 표현하고자 하는 가슴 벅찬 느낌들은 독자들의 가슴을 사로잡고 이 경험들을 열망하게 할 것이다.

신은 생각 너머에 존재하고 있다. 그러나 신은 한숨, 눈물, 숨 막힘, 경탄하는 표정 속에 자신을 드러낸다. 이것이 이 책의 내용이다. 말들은 잊혀지고 세세한 내용들은 기억에서 지워진 지 오랜 후에도, 독자들은 마음속에서 그 한숨, 그 눈물, 그 숨 막힘, 그 경탄의 표정을 느낄 수 있을 것이다. 그리고 말할 것이다. "아, 이것이 아루나찰라구나, 아, 이것이 라마나구나."

라마나스라맘 총재
V.S. 라마난

바가반 슈리 라마나 마하리쉬

ॐ

이 책을
우리의 주 아루나찰레스와라와
아루나찰라에 대한 진정한 경배를 우리에게 가르쳐 주신
바가반 슈리 라마나 마하리쉬의
연꽃 같은 발아래에 바친다.

이것은 슈리 바가반께서
아루나찰라에 오신 100주년을 기념하기 위해 바치는
소박한 봉헌물이다.

제1부 아루나찰라

1
아루나찰라의 기원

옛날 옛적에 지고의 존재이며 은총의 바다인 쉬바 신에게 한 가지 바람이 일어났다. "내가 여럿이 되게 하자." 그러자 이 바람에 따라 즉시 브라마와 비슈누가 생겨났다. 그들은 각각 세상을 창조하고 보호하는 임무를 위임받았다. 어느 날 그들은 이기심 때문에 서로 다투기 시작하였다. 이것은 큰 갈등으로 번지게 되었다. 지고의 신은 그들이 서로 싸우며 끔찍한 분노를 드러내는 것을 보면서, 이 싸움을 끝내기 위해 자신을 형상으로 드러내야겠다고 생각하였다.

푸라나를 보면, 쉬바는 자신의 영광이 모든 것을 초월한다는 베다의 진리를 증명하고 싶었다고 한다. 모든 피조물은, 아무리 지위가 낮을지라도, 자신이 다른 모든 피조물보다 우월하다고 생각한다. 다른 존재가 자신과 동등하거나 자신보다 우월할 수 있다는 점을 인정하지 못하는 어리석은 자는 반드시 패배와 몰락의 길을 걷게 마련이다. "아무리 비천한 존재라도 나를 생각하는 순간 나에게 이를 수 있도록 이제 나 자신을 이 세상에 분명히 드러내야겠다." 쉬바는 이렇게 결정하고 브라마와 비슈누 앞에 빛기둥으로 나타났다.

싸우던 신들은 찬란한 빛기둥을 보고서 정신을 잃고 어리둥절해졌다. 그때 어떤 목소리가 들렸다. "아이들아, 왜 이 어리석은 싸움을 하느냐? 너희 둘 중에 나의 시작이나 끝을 발견하는 자가 더 뛰어나다." 이 말을 들은 브라마와 비슈누는 싸움을 멈추고 쉬바 신이 말한 빛기둥의 처음과 끝을 찾기로 하였다. 비슈누는 수퇘지로 변하여 땅 속으로 파고들어 갔다. 그는 온 힘과 열정을 다하여 파 들어가기 시작하였다. 그러나 땅 속을 계속 파고들어도 기둥은 더욱더 깊이 뻗어 있었다. 시간이 지나면서 그는 힘이 빠져 기진맥진해졌으며 힘이 없어 돌아올 수조차 없었다. 자신의 몸조차 가누기 어려울 만큼 지쳐 버렸다. 그제야 그는 만물의 피난처인 쉬바 신을 떠올리고는 다음과 같이 반성하였다. "나는 자아로 생긴 큰 어리석음 때문에 지고의 참나를 잊었다. 그분은 진실로 지고의 쉬바이시다. 나는 어리석게도 수퇘지로 변하여 그분의 시작을 찾으려 하였다. 그분의 은총으로 나에게 진리가 밝혀졌다. 그러니 이제 나는 이 빛기둥에 나를 바치고 그분께 복종하련다." 우주의 보호자 비슈누는 지고한 신의 은총을 입어 땅 위로 다시 돌아왔다.

한편 브라마는 백조의 모습을 취하고 빛기둥의 꼭대기를 찾기 위하여 여러 해 동안 하늘 위로 날아올랐지만 허사였다. 눈은 침침해지고 날개는 지쳤다. 그럼에도 결심을 포기하지 않고 계속 날아올랐다. 그러나 빛기둥은 더욱더 높이 뻗어 있었다. 몇몇 시다(완성을 이룬 존재)들은 끝없이 높은 기둥의 꼭대기를 찾기 위하여 애쓰는 브라마를 보고 다음과 같이 말하였다. "헛되도다! 그는 아직도 찾고 있다. 몸이 막 추락하려 하는데도 자아는 사라지지 않고 있구나. 날개가 꺾이고 피로하고 눈이 침침한데도 그는 아직 무한한 빛의 끝을 발견할 수 있다는 망상에 사로잡혀 있다. 유한한 존재가 그 빛을 깨닫기 위해서는 내면으로 들어가 쉬바에 대해 명상하여야 한다. 쉬바가 그에게 지혜를 주면 그의 자아는 사라진다." 이 현명한 말을 들은 브라마는 겸손해졌고 스스로 반성하기 시작하였다. "아! 쉬바에서 태어난 두 자아인 비슈누와 내가 서로 싸웠다니, 이 얼마나 부끄러운 일인가? 그분이 스스로 자신의 위대함을 드러내어 우리의 자만을 꺾다니, 이 얼마나 놀라운 일인가?" 브라마는 베다를 암송하며 쉬바 신을 찬양하였다. 그는 곧 비슈누가 낭랑한 목소리로 쉬바를 찬송하는 소리를 들었다. 헌신자들에 의해 쉽게 기뻐하는 쉬바 신은 찬연한 영광을 지니고 불기둥으로부터 나타났다.

쉬바는 달이 아르드라(27개의 주요 별들 중 하나. 오리온자리에 있는 별)의 맞은편에 있을 때인 마르가리 달(12월 15~1월 15)에 빛기둥으로 현현했고, 마시 달(2월 15일~3월 15일)의 차트루르 다시 날(보름달 이후 14일째, 즉 초승달 하루 전)에 이 빛기둥에서 나타났다. 이때 브라마와 비슈누 및 많은 신들이 그를 경배하였다. 황갈색 얼굴에 목이 푸르며 머리에는 초승달을 지니고 있고 삼지창과 작은북을 들고 있는 쉬바는 한 손으로는 브라마와 비슈누에게 두려워하지 말라고 신호를 보냈고 다른 손으로는 보호를 해 주었다. 그리고 비슈누와 브라마에게 원하는 바를 말하라고 하였다. 그러자 그들은 이렇게 기도하였다. "오, 주여, 온 하늘과 은하계들, 은하계 사이의 공간들에 당신의 광채가 가득하여 세상을 식별할 수 없습니다. 그러니 부디 당신의 광채를 거두시고, 세상의 안녕을 위해 아루나찰라로 불리는 움직이지 않는 링가(형상이 없이 있는 신을 나타내는 상징물)의 모습으로 머물러 주십시오. 오, 아루나찰라여! 모든 질병을 치유하고 모든 소망을 이루어 주며 또 해방을 허락함으로써 당신의 존재를 분명히 나타내 보이소서."

  쉬바 신은 선언하였다. "그렇게 될지어다."

  그래서 쉬바는 움직이지 않는 링가인 아루나찰라의 모습으로 나타났다. 현자들은 아루나찰라를 눈부신 빛의 링가(테조링가)라고 부른다. 아루나찰라는 온 세상의 기원이다. 아루나찰라는 아루나기리(붉은 산, 아루나찰라)라는 이름으로 세상에 널리 알려지게 되었다. 큰 원소들이 분해되어 그들의 원래의 본질로 돌아갈 때, 이 산은 다가올 세대를 위한 모든 잠재적인 씨앗들을 간직하게 될 것이다. 대홍수가 있고 난 다음에 베다들은 아루나찰라의 기슭에 안식처를 구한 헌신자들에게 드러날 것이다. 아루나찰라는 나마쉬바야(쉬바의 은총을 기리는 위대한 만트라)를 이루는 다섯 글자가 된 위대한 다섯 무르티(像)들로 자신을 드러낸다. 또한 여덟 방향의 수호자들이 아루나찰라를 경배한다. 이 링가는 신성한 음절인 '옴'이며, 신성한 만트라이며, 생명의 공기인 프라나이다. 이 링가는 자유에 대한 욕망조차도 포기한 사람들에게 박티(헌신)의 은총을 허락한다.

  앞서 말한 아루나찰라의 출현에 관한 이야기는 스칸다 푸라나에 실려 있는 내용이다. 링가 푸라나 역시 지고의 존재가 아루나찰라로 나타나게 된 사연을 설명하고 있다. 그런데 위의 얘기와는 약간의 차이가 난다. 이 푸라나에 따르면, 빛기둥의 꼭대기에 이르는 데 실패한 브라마는 패배를 인정하고 싶지 않았다. 그래서 그는 아단 나무의 꽃(타잠부, 알로에 향이 나는 꽃)에게 거짓 증언을 해 달라고 간청한다. 모든 것을 아는 샹카라(쉬바의 다른 이름)는 불기둥에서 나타나 브라마를 저주하고, 지구상의 어느 사원에서도 그를 숭배하지 못할 것이며 또 자신(아루나찰라)을 아단 나무의 꽃으로 장식하지 말라고 선포한다.

  아루나찰라의 영광을 이해하기 위해서는 푸라나들의 정신은 파악하되 세세한 차이점은 그냥 넘길 필요가 있다. 두 푸라나 모두 아루나찰라를 지고한 존재의 가장 강력한 현현이라고 말한다. 왜냐하면 쉬바는 자비롭게 브라마와 비슈누에게 약속하기 때문이다. "내가 그대들을 위하여 축복한 이 신성한 아루나찰라를 인간이 해방에 이를 수 있는 장소로 삼겠다. 아루나찰라로부터 삼 요자나(약 삼십 마일) 안에 살고 있는 사람들은 아무런 입문이나 절차 없이 나와 하나가 될 것이다. 움직이거나 움직이지 않거나 간에 지위가 낮은 피조물들은 좋은 의도로 여기에 사는 것만으로도 해방을 얻을 것이다. 나를 보는 자나 멀리 떨어진 곳에서 나를 기억하는 자들은 모든 베단타의 정수를 깨닫게 될 것이다. 눈부신 나의 모습은 영원하며 움직이지 않는 아루나찰라로서 늘 여기에서 빛날 것이다. 물도 나를 잠기게 할 수 없으며, 불도 나를 태울 수 없고, 바람도 나를 흔들 수 없다. 모든 천상의 존재들은 찬란한 링가 주위를 영원히 돌 것이다. 멀리서 이 산을 향하여 절을 하거나 가까이 와서 산 둘레를 도는 사람은 죄인일지라도 해방에 이를 것이다."

이 말을 들은 브라마와 비슈누는 쉬바에게 공손히 절하고 다음과 같이 기도하였다. "오, 우주를 떠받치는 분이시여, 세상의 안녕을 위해 이 산의 진정한 광휘를 1년에 한 번씩 카르티카이 달(11월 15일~12월 15일), 크리티카 별이 떠오르는 보름날 저녁에 드러내소서. 더구나 아루나찰라 산은 모든 존재의 안녕을 위하여 존재하고 있는데, 어떻게 인간만이 아루나찰라 산에 경배를 드릴 수 있겠습니까? 오직 비를 뿌리는 구름만이 당신을 위해 아비셰캄(우유나 기름 등으로 신상을 세정하는 의식)을 할 수 있습니다. 오직 비탈에서 자라는 나무들만이 당신에게 꽃을 바칠 수 있습니다. 오직 태양과 달만이 아라티와 디팜(신 앞에 등불을 흔드는 의식)을 바침으로써 당신을 섬길 수 있습니다. 그러므로 오, 주여! 저희 기도에 자비롭게 응답하시어 테조링가의 모습으로 영원히 여기에 머물러 주소서. 그러면 저희는 모든 봉헌 의식으로써 당신께 경배를 드릴 수 있을 것입니다. 그러므로 이 산의 동쪽에 쉬바링가로 머물러 계시어, 당신의 은총으로 저희가 타고난 경향성을 없애도록 도와주소서. 저희와 죽음을 피할 수 없는 존재들이 해방에 이를 수 있도록 부디 여기에 구루로 머물러 주소서."

연민의 화신인 아루나찰라는 "그렇게 될지어다. 그대들은 카미카 아가마(전통적인 숭배 방식이 기록되어 있는 경전)에 정한 대로 나를 숭배할 수 있다. 나는 시다로서 영원히 여기에 머무를 것이며, 아루니기리 요기로 일러질 것이나." 그러자 즉시 상서로운 쉬바 링가가 스스로 만들어져 숭고하고 장엄한 모습으로 나타났다. 놀라워하며 이 모습을 지켜본 브라마와 비슈누는 천상의 건축가인 비슈와카르마에게 테조링가를 위한 사원을 지으라고 지시하였다. 이리하여 쉬바는 은총을 베풀어 아루나찰라 산의 모습을, 빛나는 링가의 모습을 취했다. 이제 신을 사랑하는 헌신자들은 신에게 아비셰캄과 아라다나(예배 혹은 숭배)와 푸자(예배 의식)를 마음껏 바칠 수 있게 되었다. 쉬바는 이 거룩한 산에 아루나기리 요기로 거주하고 있으며, 허리에 걸치는 옷을 입고 반얀 나무 아래 앉아 있다. 이것이 아루나찰라의 독특함이다.

　푸라나들에는 마히샤수라를 죽인 여신 파르바티(쉬바 신의 아내)가 고행을 한 뒤 아루나찰라와 하나 되는 이야기가 쓰여 있다. 이 일련의 사건들에 대한 자세한 내용은 다음 장에 나와 있다.

　스칸다 푸라나와 링가 푸라나는 눈부시게 빛나는 기둥의 경계들을 찾아가는 신들에 관하여 주로 말하고 있다. 기둥의 위쪽과 아래쪽 끝을 찾는 브라마와 비슈누의 사건에 대해서는 많은 현자와 시인들이 언급하였다. 이 일을 그저 꾸며낸 이야기로만 생각해서는 안 될 것이다. 그러면 우리는 고금의 현자들이 아루나찰라에 대하여 얘기한 것들을 모두 부정하는 셈이 되기 때문이다. 아루나찰라를 직접 체험하고 그분과 하나 된 갸니(현자)들과 선지자들 및 신비가들이 틀렸다고 생각할 수는 없다. 그들에게 아루나찰라는 타고난 경향성을 파괴한 뒤 찬란하고 눈부시게 빛나는, 끝이 없는 기둥으로 늘 빛나고 있다. 그들은 브라마와 비슈누가 그랬듯이 그분을 보았다. 아루나찰라는 열정과 믿음으로 경배하는 사람들에게 자신의 본래 모습을 드러낸다. 그러므로 옛적에 나타났던 빛기둥을 지금도 여전히 볼 수 있다. 아루나찰라의 성자로서 바가반 슈리 라마나 마하리쉬는 헌신자들에게 한순간이라도 아루나찰라를 그저 바위와 돌로 이루어진 산이라고 여기지 말라고 주의를 주었다. 아루나찰라는 바로 지혜의 신이다. 마하리쉬는 갸나삼반다르의 저서 테바람(Tevaram)을 인용하는데, 그 책에서 그 어린 성자는 아루나찰라를 지극한 연민으로 인해 산의 모습으로 나타난 지혜의 화신이라고 찬양한다. 많은 성인과 현자들은 그들의 글에서 브라마와 비슈누가 아루나찰라의 양끝을 찾으려 한 일에 대해 이야기하였다. 이 사건은 아루나찰라에 관한 모든 글의 중심 주제를 이루며, 사건의 세부적인 내용보다는 지고의 신에게서 분리되어 있다는 느낌을 없앤 브라마와 비슈누의 영적인 중요성을 강조하고 있다.

링가 푸라나와 스칸다 푸라나에서는 간혹 쉬바를 비슈누의 다른 모습으로 묘사하기도 한다. 창조의 주기에서, 브라마와 비슈누는 창조의 때에 지고의 신으로부터 나와 우주가 소멸할 때 신에게 돌아간다. 그러나 아루나찰라 쉬바는 어느 것과도 융합되지 않으며, 심지어 마하프랄라야(대홍수) 때에도 영향을 받지 않는다. 그래서 우리는 아루나찰라가 영원하다는 것을 깨달을 수 있는 것이다. 테바람이라는 책에는 많은 비슈누와 브라마가 있을 수 있으나 아루나찰라 쉬바는 오직 한 분뿐이라고 분명히 말하고 있다.

샴부(상서로운 존재라는 뜻으로 쉬바의 다른 이름) 그분 자신은, 고우리(파르바티의 다른 이름)와 더불어 아루나찰라로 빛난다. 아루나찰라를 직접 달샨하거나(보거나) 아루나찰라에 대해 명상하는 자는 해방을 얻는다. 아루나찰라의 영광에 대해 듣는 사람은 모든 종류의 부(富)를 얻는다. 아루나찰라를 기억하는 사람들은 마음이 순수해질 것이다. 그들은 카르마로부터 풀려날 것이다. 아루나찰라를 바라보기만 하여도 모든 성스러운 티르탐(성스러운 강이나 저수지)에서 목욕하거나 모든 야그나(희생)와 야가(의식을 통한 희생)들을 행함으로써 입는 은혜를 받을 것이다. 그는 사다쉬바(쉬바의 다른 이름)의 은총을 입을 것이다. 이 지구에는 쉬바와 관련한 성스러운 장소들이 많이 있지만, 샴부가 자신의 장엄하고 숭고한 형상과 사랑에 빠진 곳은 오로지 이곳뿐이다. 그는 더 이상 카일라사(히말라야에 있는 쉬바의 거주처)에 머물고 싶지 않았다. 그는 파르바티와 모든 리쉬 및 데바들에게 이곳으로 와서 경전에 적힌 모든 수행과 의식을 행하라고 말하였다.

　아루나찰라를 한 번 바라보는 것이 다른 크세트라(거룩한 장소)들에서 행한 금욕과 봉헌, 야그나들보다 신을 더 기쁘게 한다. 아루나찰라를 감싸고 있는 산의 형상을 노래한 베다와 서사시들은 아루나찰라 신에 대해 경의를 표하고 있다. 브라마와 비슈누가 그들의 모든 재주를 다 동원해도 아루나찰라의 영광을 충분히 묘사할 수 없었다. 브라마, 비슈누와 데바들은 보이지 않는 채로 있으면서 항상 아루나찰라를 경배하고 있다. 칼리 유가의 어두운 시대에 흔한 질병과 재난, 정신적 고통과 다른 불행한 일들도 아루나찰라를 항상 숭배하는 사람들에게는 영향을 미치지 못한다. 아루나찰라의 힘은 행성들로부터 오는 해로운 힘을 없애 주며, 아루나찰라에 대해 명상하는 사람들에게 즉시 해방을 가져다준다.

2
아르다나레스와라로서의 아루나찰라

카일라사에서의 삶

　먼 옛날 카일라사 산에서였다. 때는 봄이었고, 들판은 박하 향과 꽃들의 향기로 가득 차 있었다. 벌들은 무리를 지어 꽃송이들 사이사이를 윙윙거리며 날고 있었다. 강 아래에서 불어오는 차고 신선한 바람은 평야로부터 달콤한 꽃들의 향기를 실어 왔다. 공작새들은 벌들의 윙윙거리는 소리에 맞추어 춤을 추며 화려한 꽁지를 펼쳤다. 천적 사이인 코끼리와 사자들도 여유롭고 사이좋게 어슬렁거리고 있었다. 현자들은 리그 베다와 야주르 베다 및 사마 베다를 암송하고 있었다. 사마 베다는 쉬바에게 가장 소중한 베다였다. 데바들, 시다들, 가나(gana)들, 그 지역의 수호신들, 쉬바의 거룩한 헌신자들이 신성한 재를 얼굴에 바르고 루드락샤(치료 및 신성한 효험이 있다고 알려진 나무) 염주를 걸친 채 기도하는 모습으로 서 있는 동안 브라마리쉬(Bramarishi)들과 라자리쉬(Rajarishi)들은 참나에 깊이 잠겨 있었다. 우주의 어버이이신 쉬바 신과 파르바티는 지극히 장엄한 보좌에 앉아서 그들을 숭배하는 자녀들에게 은총을 베풀고 있었다.

데바들, 리쉬들, 그리고 많은 헌신자들은 그들이 원하던 은혜를 입은 후 믿음으로 가득 차서 신 곁을 떠나갔다. 이제 쉬바 신은 여신 우마(파르바티의 다른 이름)와 함께 눈 덮인 히말라야 정상에서 기쁨을 즐기고 있었다. 이런 기쁜 분위기에서, 쉬바의 관심이 온통 자신에게 쏠렸다고 생각한 우마는 슬그머니 그의 뒤로 가서 장난삼아 샴부의 세 눈을 연꽃 같은 손으로 가리면서 물었다. "내가 누굴까요?"

달, 태양, 참지식의 불꽃을 상징하는 세 눈이 가려지자마자 음산한 어둠이 우주를 뒤덮었다. 쉬바에게는 한 순간의 절반이라도 인간에게는 영겁이므로 그 어둠은 몇 백만 년 동안이나 계속되었다. 여신의 장난으로 일어난 이 어둠은 때 아닌 세상의 멸망을 초래하였다. 짙은 어둠 속에서는 활동할 수 없기에 생명체들이 자손을 낳지 못하고 사멸해 갔기 때문이다. 데바들은 생기가 없어졌고, 베다들은 찬송되지 않았다. 이 뜻하지 않은 어둠으로 원인과 결과의 법칙은 효력을 잃어버렸다. 이 사태를 보면서, 영원히 찬란한 시다들은 요가의 힘으로 그 원인을 알 수 있었지만 신의 신성한 유희를 이해할 수가 없었다.

시다들은 온 힘을 다해 샴부에게 기도하며 말하였다. "샴부에게 영광을! 여신의 장난으로 때 아닌 소멸이 온 세계를 뒤덮었습니다. 그러나 당신의 동정심은 무한하십니다. 이제 우주의 안녕을 위해 그 동정심을 보여 주소서. 오, 연민의 화신이시여! 자비를 베풀어 주소서. 부디 이 장난을 멈추어 주소서!"

쉬바는 이 같은 헌신자와 시다들의 기도에 답하여 명령하였다. "고우리! 내 눈에서 손을 떼시오." 여신은 즉시 쉬바의 눈에서 손을 떼었다. 그러자 온 세상에 빛이 가득 찼다. 쉬바는 경배를 드리며 서 있는 시다들에게 시간이 얼마나 흘렀는지 물었다. "당신에게 1/2초는 우리에게 수백만 년과도 같습니다."라고 그들은 답했다. 이 말을 들은 신은 미소를 띤 채 사랑하는 여신에게 고개를 돌려 다르마와 아르타(세속의 길)에 관하여 부드럽게 말했다. "고우리. 참으로 생각이 없구려! 세상의 어머니인 당신이 소멸의 원인이 되다니. 사랑과 동정의 화신인 당신이 어떻게 자식들에게 고통을 줄 수 있소?"

샴부의 힐책을 들은 우마는 깊이 후회하며 무지로 인해 저지른 이 행위를 속죄할 수 있는 방법을 알려 달라고 간청했다. 쉬바는 여신의 참회와 헌신의 말에 기뻐하면서 다음과 같이 말하였다. "당신이 나 없이 어떤 속죄를 할 수 있겠소? 나의 힘을 상징하고 세상을 재창조하고 싶어 하는 당신은 나 자신과 다르지 않소. 그러니 고우리, 나는 널리 퍼져 있는 수행 방법에 따라 속죄하기를 권하오. 나는 잠시도 당신 없이는 살 수 없소. 그러니 우주의 신인 나 자신이 직접 고행을 하겠소. 온 세상이 당신의 참회로 인해 영광을 입어 신성해지도록 하시오."

고우리의 참회

이 말을 듣자 여신은 즉시 동료들과 함께 캄파 강변에 위치한 신성한 도시 칸치푸람으로 참회를 위해 떠났다. 그곳에서 그녀는 많은 현자들이 숭배하고 있는 캄파 강의 순수하고 성스러운 물을 보았고 뻐꾸기들이 지저귀며 놀고 있는 거대한 망고 나무도 보았다. 그 나무는 열매와 꽃들로 가득하였다. 이렇게 아름다운 곳에서 여신은 쉬바에 대해 명상을 하였다.

고우리는 캄파 강의 강둑 위에서 고행을 하였다. 하루 세 번 캄파 강에서 목욕을 하고, 강가의 모래로 정성스럽게 링가를 만든 다음, 나뭇잎을 이용하는 전통적인 방식으로 온 마음을 다하여 링가에게 예배를 드렸다. 여신은 모든 생명체들의 불행을 덜어 주고 그리하여 자녀들에게 자비를 베푸는 다르마를 잘 지켰다. 그녀는 자신에게 경의를 표하기 위하여 찾아오는 거룩한 마하리쉬(현자)들을 공손히 맞이하였다. 그들은 그녀의 고행에 놀라워하였다.

어느 날 파르바티는 평소처럼 숲에서 꽃을 따 모은 뒤 캄파 강의 강둑 위에서 모래로 만든 링가에게 예배를 드리기 시작하였다. 쉬바는 자신에 대한 그녀의 헌신을 세상에 보여 주기 위해 캄파 강의 강물이 갑자기 솟아올라 둑 위로 넘쳐흐르게 하였다. 강물이 넘쳐흐르는 것을 본 동료들의 위험 신호를 듣고서 데비(여신)는 눈을 떴고 강물이 밀려드는 것을 보았다. 순간 자신이 숭배하는 링가가 걱정된 그녀는 강물에 휩쓸리지 않도록 링가를 꼭 껴안았다. 그리고 눈을 뜨고서 오로지 한 마음으로 쉬바에 대해 명상하였다.

그러자 신의 목소리가 들려왔다. "오, 그대 가장 고귀한 존재여! 이 홍수는 내가 그대의 헌신을 세상에 알리기 위해 일으킨 것이오. 이제 홍수가 가라앉았으니 그 링가를 놓아도 좋소. 이제 아루나찰라로 가시오. 나는 죽음을 피할 수 없는 존재들이 해방을 얻을 수 있도록 빛나는 아루나찰라의 모습으로 이 세상을 비추겠소. 아루나찰라라는 이름은 그 존재를 보기만 해도 세상에 쌓인 죄들이 완전히 사라진다는 뜻이오. 리쉬들, 시다들, 간다르바(신들의 향연에서 음악을 담당하는 천상의 존재)들, 요기늘도 카일라사와 메루 산의 정상마저 떠나 아루나찰라로 와서 열렬히 경배한다오. 그곳으로 가서 가우타마 현자로부터 나에게 헌신하는 법과 아루나찰라의 영광에 대해 배우고 더 깊이 참회하시오. 나는 세상의 모든 죄가 씻기고 세상이 번영하도록 그곳에서 나의 빛나는 모습을 그대에게 보이겠소."

쉬바의 이 말을 들은 데비는 "그렇게 되옵소서."라고 말하고 즉시 아루나찰라를 향하여 떠났다. 그곳에 도착한 여신은 시다들과 요기들, 리쉬들, 데바들이 거기에 머물고 있는 것을 보았다. 아트리, 브리구, 바라드와자, 카샤파, 앙기라사, 쿠차, 가우타마, 그리고 시다들, 비디야다라들 및 데바들이 소원 성취를 위해 호된 고행을 하고 있었다. 고우리는 강가와 다른 신성한 강들이 이 링가 산을 경배하고 있음을 알게 되었다. 그래서 그녀는 이 산이 아루나드리(아루나찰라의 여러 이름들 중 하나)로 알려진 고귀하고 신성한 링가임을 깨달았다.

마하리쉬들은 데비를 각자의 처소로 초대했지만, 그녀는 쉬바의 명령에 따라 가우타마를 먼저 보고 싶다고 하였다. 그래서 그들은 그녀를 가우타마의 아쉬람으로 안내하였다. 거기에서 그녀는 동료들과 함께 빛나는 신에게 열정적으로 기도하였다. 움직임이 없는 링가에 대한 이러한 혹독한 경배로 인하여 우마는 수척해져 갔다.

현자들 중 최고의 존재인 가우타마는 이미 아침 일찍 꽃을 비롯하여 예배에 필요한 물건들을 구하기 위해 숲으로 나갔기 때문에 아쉬람에 없었다. 그의 거처로 간 데비는 가우타마의 제자들에게 큰 존경과 환대를 받았다. 제자들은 그녀에게 스승이 올 때까지 잠시 기다려 달라며 겸손하게 간청하였다.

가우타마가 숲에서 돌아오자 제자들이 맞이하러 나와서 고우리가 도착했음을 알렸다. 마하리쉬는 이 소식을 듣고 매우 기뻐하며, 여신의 방문으로 그의 고행이 결실을 맺을 것임을 예견하였다.

여신 고우리는 밖으로 나와서 가우타마를 맞이하며 말하였다. "나의 주께서 이르시기를 아루나찰라로 가서 현자님께 아루나찰라의 영광을 배우라고 하셨습니다. 그러니 부디 제게 아루나찰라의 위대함을 일깨워 주십시오." 가우타마가 대답하였다. "형상이 없는 지고의 존재가 어떻게 연민으로써 아루나찰라 산이라는 이 신성한 모습을 취했는지는 백만 개의 입으로도 설명할 수 없습니다. 아니, 비록 백만 명의 브라마들이 함께 모인다고 할지라도 신의 영광을 충분히 설명할 수는 없을 것입니다. 지금 이 형상을 입고 있는 아루나찰라는 과거에 브라마, 비슈누, 소마(달), 수리야(태양), 아그니(불), 인드라와 다른 데바들, 딕팔라카(여덟 방향의 수호신)들, 시다들, 차라나들, 약샤들, 비디야다라들, 간다르바들, 나가들, 뱀, 새, 신성한 현자들, 시다 요기들과 또 다른 이들이 죄를 용서받고 소망을 이루기 위하여 경배하였던 곳입니다."

"아루나기리(붉은 산, 아루나찰라) 신은 자신을 열정적으로 숭배히는 모든 이들의 죄를 없애고 소망을 이루어 주실 수 있는 분입니다. 그분은 심지어 멀리 떨어진 곳에 있어도 '아루나찰라'라는 말을 입 밖에 내거나 그 이름에 대해 명상하는 자들에게 해방을 줍니다. '아루나드리'라고 불리는 존재는 눈부신 빛이 모습으로 나타난 것임은 잘 알려진 사실입니다. 요기들은 이 존재에 대해 명상하여 쉬바와 하나가 됩니다. 아루나찰라 근처에서 행해진 봉헌과 희생, 자파는 헤아릴 수 없는 결실을 맺게 됩니다."

가우타마는 말을 이었다. "이 산은 크리타 유가(사티아 유가라고도 함, 황금기)에서는 활활 타올랐으며, 트레타 유가에서는 에

메랄드로 빛나고, 드바파라 유가에서는 황금 산으로 빛나며, 칼리 유가에서는 빛이 없는 돌산으로 있습니다. 크리타 유가일 때는 이 산이 거대한 불덩이로서 여러 요자나(몇 십 마일)까지 퍼져 나갔으며 마하리쉬들이 산 주위를 돌았습니다. 그 후 데바들의 겸허한 기도로 아루나찰라는 점차 식기 시작했습니다."

현자에게서 이 말을 듣고 고우리는 기뻐하며 말하였다. "현자님을 통해서 아루나찰라의 영광에 대해 잘 배웠습니다. 이제 제 삶의 목적은 성취되었습니다."

그리고 여신은 가우타마의 현존에서 정성을 다하여 참회하기로 결심하였다. 고우리의 부탁으로 그녀가 머물 초막이 세워졌다. 마른 몸과 연꽃 같은 눈, 엉클어진 머리카락, 나무껍질로 만든 옷을 걸치고 홍옥의 광휘로 빛나는 여신의 모습은 참회의 체현 그 자체였다. 그녀는 여러 경전들의 권고를 따랐고 여러 가지 방법으로 그녀의 신에게 헌신을 표현했으며, 이런 식으로 베다와 샤스트라(힌두 경전)에 쓰인 다르마의 길들을 세상에 가르쳤다. 그녀의 마른 몸은 피로의 흔적조차 드러내지 않으며 혹독한 고행을 견뎌 냈다.

마히샤수라를 죽임

물소 모양을 한 악마인 마히샤수라에게 괴롭힘을 당하던 데바들은 땅으로 내려와 여신에게로 피신하였다. 여신은 악마로부터 데바들을 보호하고 악마를 죽이겠노라고 약속하였다.

마히샤수라는 그의 부하들로부터 타파스(고행)를 하고 있는 여신의 매혹적인 아름다움에 대해 들었다. 그는 욕정에 사로잡혀 그녀를 몹시 탐하였으며 그녀를 차지하고 싶었다. 그러나 그의 부정한 욕망은 고우리에 의해 좌절되었다. 그래서 그는 무시무시한 아수라 군대를 이끌고 그녀를 찾아갔다.

아수라 군대를 보자마자 고우리는 사나운 전사들인 부타 가나(gana)들과 괴물들을 만들어 냈다. 그리고 그녀의 소라 나팔을 불었다. 아수라들은 나팔 소리를 듣고 그녀를 보자 그들의 용맹함을 보여 주고자 사방에서 무수한 화살을 쏘아 댔지만, 여신은 쏟아지는 모든 화살을 마주 쏜 화살로 떨어뜨렸다. 여신이 창조한 괴물인 부타와 베탈라들은 맹렬하게 싸웠다. 고우리를 수행한 여신들은 재빨리 수많은 적들을 죽였다. 아수라들의 수많은 시체들 가운데에서 부타들은 승리의 춤을 추었다. 여신은 그녀의 소녀들인 둔두비, 사티야바티, 아나바미, 순다리와 함께 완전 무장을 갖추고서 서 있었다.

마히샤수라는 그녀를 보고서 노하였다. 그는 뿔의 끝으로 구름을 꿰뚫고, 화염 같은 혀를 여기저기에 던지고, 뿔로 땅을 들이받고, 발굽으로 땅을 차서 사방에 자욱한 먼지를 일으키며 무시무시하게 포효하였다. 그는 털이 더부룩한 꼬리를 들어 올려 두려움에 빠진 데바들의 수많은 무기들을 산산조각 내버렸다. 그러고 나서 사자를 타고 있는 아름다운 바바니(쉬바의 아내)를 향해 돌진하였다.

마히샤수라는 여신 고우리에게 화살과 다른 무기들을 빗발치듯 쏟아 부었지만, 그녀가 쏜 화살들은 그것들을 멀리 떨어진 곳에서 떨어뜨리고 그의 몸 여러 곳을 꿰뚫었다. 원반과 도끼, 철퇴, 창과 다른 많은 무기들로 맹렬히 공격하던 마히샤수라는 갑자기 사라지더니 곧 사나운 사자의 모습이 되어 다시 나타났다. 그는 무시무시한 소리로 울부짖으며 전쟁터를 여기저기 날뛰면서 이빨과 날카로운 발톱으로 공격하였다. 패배할 때마다 그는 새로운 모습을 취하였다. 호랑이가 되어 나타났다가 다음에는 코끼리로 변하였고, 그 뒤에는 검을 든 사나운 전사로 변신하였다. 여신은 검과 방패와 원반을 들고 그와 싸워 그의 머리를 베어 버렸다. 그러나 그는 다시 마히샤수라의 모습으로 돌아와 지치지도 않고 줄기차게 싸웠다.

여신은 삼지창으로 마히샤수라를 꿰뚫었다. 몸은 산맥처럼 컸지만 그는 여신의 용맹함을 견딜 수 없었다. 그는 쓰러져서 땅 위를 데굴데굴 굴렀지만 삼지창에서 빠져나올 수 없었다. 그는 얼굴과 손발에서 넘쳐흐르는 피로 인해 붉은 바다처럼 보였다. 여신은 날카로운 검으로 그의 머리를 베었고 그의 시체 위에서 춤을 추었다. 천국의 존재들은 그녀를 마히샤수라 마르다니(마히샤수라의 파괴자)라고 부르며 환호하며 찬양하였다. 그들은 여신의 이러한 모습이 모든 피조물의 번영과 행복의 원천이기를 기도하였다.

마히샤수라는 그가 지은 모든 죄에도 불구하고 쉬바의 헌신자였기 때문에 여신은 쉬바의 헌신자를 죽인 죄를 씻고자 하였다. 그녀는 검으로 바위를 내리친 뒤 용솟음쳐 나온 샘에서 목욕을 하였다. 이 일을 기념하기 위해 사원이 지어졌으며, 오늘날에도 그곳에 샘이 있다.

고우리가 쉬바와 결합하다

어느 달의 말일에 여신은 축제를 열었다. 카르티카 달에 크리티카 별이 달과 겹치는 날 저녁, 그녀는 아루나드리 신의 은총을 얻기 위해 규정된 대로 온갖 봉헌물을 바쳤다. 그리고 여신은 동료들과 함께 산 둘레를 돌았다. 그때 아루나찰라 산은 에메랄드처럼 빛을 발했으며, 그녀의 신성한 몸은 산의 광채로 감싸였다. 그녀가 천천히 걷기 시작하자, 그녀의 연꽃 같은 발의 광채로 인해 땅은 마치 연꽃잎이 가득 뿌려진 것처럼 보였다. 그녀의 눈부신 외모는 숭배자들이 소나드리(Sonadri) 곳곳에 뿌려 놓은 닐로트팔라(푸른 연꽃) 꽃송이들 같았다.

여신 고우리는 마치 쉬바와 결합하기 위한 결혼 의식의 일부로서 하반(신성한 불) 주위를 돌듯이 경건하게 산 주위를 돌며 걷고 있었다. 그녀가 한 걸음씩 걸을 때마다 브라마와 비슈누, 그들의 배우자들인 사라스와티와 락슈미, 그리고 데바들, 딕팔라카들과 그들의 배우자들, 향기로운 봉헌물을 들고 있는 천상의 소녀들이 나타나 그녀를 뒤따랐다. 그녀는 마치 고행으로써 불의 산을 기쁘게 하는 것처럼 보였다. 마하데바(쉬바의 다른 이름)에 대해 끊임없이 명상하면서, 그녀는 신성한 리쉬들에게 영적 가르침을 주었다.

세상의 어머니는 세 도시*의 파괴자(쉬바의 다른 이름)에게 절하고 쉬바와 결합하게 해 달라고 기도하였다. 그녀는 세상의 안녕을 위해 아름다운 목소리로 간절히 기도하였다.

"눈과 마음을 황홀하게 하는 당신의 이 형상을 결코 버리지 마옵소서. 당신의 이 형상은 참으로 매혹적이며 이 세상을 위하여 경사스러운 일이며 신성한 희열로 충만하오니, 부디 모든 존재가 당신의 모습을 볼 수 있도록 존재하여 주소서. 머리는 더부룩하고 목에는 뱀을 감고 있고 브라마의 두개골을 쥐고 있으며 루드라 부우미(화장터)의 재를 바르고 있는 이전의 모습 대신에, 기도하오니, 신성한 화환과 향수와 예복과 보석 장신구로 치장한 영원한 신랑, 마하 푸루샤(지고의 영)의 형상을 취하소서. 위대한 신이시여, 데바와 간다르바 처녀들이 악기에 맞추어 춤추고 노래하며 당신을 찬미하게 하소서. 당신의 헌신자들이 당신을 끊임없이 찬미하게 하소서. 하나로 결합한 형상인 당신의 아르다나레스와라의 모습이 열정적인 헌신을 불러일으키고 번영을 주고 또 모든 욕망을 충족시킬 수 있도록 저희에게 은총을 내려 주소서."

---

* 세 도시는 자아, 카르마, 마야 등 인간을 속박하는 세 가지 구성 요소를 가리킨다.
　—옮긴이

소나찰라(붉은 산)의 신은 이 기도를 듣고서 여신이 간청한 모든 부탁을 들어주었다. 그 신은 지금 세상이 찬미하는 아르다나레스와라(반쪽은 쉬바이고 다른 반쪽은 파르바티의 모습을 하고 있는 신상)로서 나타나고 있다.

　'아르다나레스와라'라는 말의 본래 뜻은 반은 파르바티(여신)이고 반은 이슈와라(우주의 창조자, 신, 지고의 존재)라는 뜻이다. 지고의 존재는 왼쪽 반은 여자로 보이고 오른쪽 반은 남자로 보이는 모습을 취한다. 여담이지만, 아루나찰라 푸라나를 보면 이와 관련하여 흥미로운 이야기가 실려 있다. 파르바티가 히마반의 딸로 태어날 때 그녀의 출생 천궁도는 그녀가 영광스러운 모습을 취할 것임을 보여 주었는데, 왼쪽 몸은 삼단 같은 검은 머리와 귀고리를 하고 장식을 한 코와 가슴을 지니고 있으나, 오른쪽 몸은 헝클어진 머리카락과 남자의 가슴이 있을 것이라는 것이었다. 따라서 우리는 파르바티가 오른쪽을 이슈와라에게 주었거나 혹은 이슈와라가 자신의 왼쪽을 파르바티에게 주었다고 말할 수 있다. 아르다나레스와라의 상을 조각하는 규범은 이렇게 왼쪽은 파르바티, 오른쪽은 이슈와라로 하도록 정해져 있다. 이것은 이러한 모습으로 널리 숭배되고 있다.

3

베다들과 푸라나들에 보이는 아루나찰라에 대한 기록

태양과 별들이 불이라고 말하는 사람이 있다면, 천문학자들은 그 무지함에 웃음을 금치 못할 것이다. 이와 마찬가지로 '아그니'를 단순히 '불'이라고 한다면 그 단어의 참된 의미와는 동떨어진 것이다. 정확히 해석하면 아그니에는 세 가지 형태가 있다. 거친 형태, 거칠고 미세한 형태, 미세한 형태가 그것들이다. 거친 형태로 있는 아그니는 다섯 원소(판차부타) 가운데 하나이다. 거칠고 미세한 상태로 있는 아그니는 모든 베다 의식에서 신에게 봉헌물을 드리는 통로이다. 그런데 봉헌물을 바칠 때는 그 전에 먼저 원하는 신을 아그니의 형태로 불러내야 한다. 미세한 형태로 있는 아그니는 갸나(참지식), 의식 혹은 참나–자각을 상징한다. 베다들에서 아그니는 마침내 모든 것을 다 태워 없애는 순수 자각의 불로 인간의 가슴을 가득 채

우는 열망의 불꽃을 의미한다.

　아그니는 지고한 존재의 모든 형태와 측면을 상징하며 그것들의 궁극적인 결합을 나타낸다. 사실 베다들에서는 가장 중요한 장소를 아그니에게 바친다. 리그 베다와 사마 베다 상히타의 첫 단어는 아그니다. 리그 베다는 인류의 가장 오래된 경전들 중 하나이다. 그런 까닭에 고대의 현자들은 리그 베다를 대단히 중요하게 여겼다. 야주르 베다는 아그니에게 한 편 전체(제4편)를 할애하고 있으며 이것은 아그니칸다로 불린다.

　리그 베다에서, 리쉬 마두찬다스는 아그니를 "만물의 보호자이며, 영적인 갈구로 불타오르고, 내면에서 자라는 진리의 빛"으로 찬양하고 있다(리그 베다 상히타 1, 1.2).

　다음 만트라에서 리쉬는 아그니에게 기도한다. "오, 아그니 시어! 아버지가 사녀에게 그러하듯, 우리를 쉽게 만나 주시고 우리의 행복을 위하여 우리와 함께 하여 주소서."

　더 나아가기 전에 잠시 멈추고서, 왜 베다들이 아그니 숭배를 중요하게 여겼는지 곰곰이 생각해 보자. 그 까닭은 지고의 존재인 아루나찰라 신이 아그니 기둥으로 나타나기를 선택하였기 때문이다. 이 빛기둥은 한계가 없으며, 모든 시공간에 가득 차 있고, 인간의 모든 이해 너머에 있다. 그분이 아비디야 즉 무지를 없애기 위해 갸나 아그니로 나타나기를 선택했으므로 베다들은 그분을 찬양하는 노래로 시작한다. 따라서 아그니에 헌정된 모든 베다 찬가들은 실제로는 아루나찰라에 대한 찬가이다! 그분은 이렇게 찬양되고 있다.

"하늘의 꼭대기, 땅의 심장, 진리의 자녀, 현자, 시인, 군주, 모든 양식의 근원, 위대한 광채와 명성을 가지신 분."

― 리그 베다, VI-7-1과 2

"보아라, 그분은 사멸하는 존재들 안에 계시는 불멸의 빛이시다. 확고히 자리 잡고 계신 그분은 모든 것을 지각하신다."

― 리그 베다, VI-9-4

"마음보다 빠른 불변의 빛은 쉽사리 변하며 사멸하는 존재들 안에 거한다. 모든 데바들은 가슴과 이해를 다하여 그 유일한 자각을 열망하며 그곳에 이른다." ― 리그 베다, VI-9-5

"사멸하는 존재들 가운데 계시는 불멸의 빛이 그분의 은총으로 우리를 구하시기를." ― 리그 베다, VI-9-7

현자 카샤파는 아그니(아루나찰라)를, 악한 세력의 책략을 깨뜨리고, 배처럼 우리를 피안으로 건네주며, 인간이 태어남과 죽음의 윤회를 넘어서도록 도와주는 전지한 분이라고 칭송한다(리그 베다, I-9-7).

야주르 베다는 베다들의 중간에 위치하며, 이 베다의 중심 부분인 제4편은 아그니에 바쳐지고 있다. 다시 제4편의 중심 부분에는 슈리 루드람(쉬바의 다른 이름)이 있고, 슈리 루드람의 가운뎃부분인 제8장에는 '아루나야 차 탐라야 차'(arunaya cha thamraya cha)라는 구절이 나오는데, 이 구절의 뜻은 아루나찰라가 구릿빛 존재라는 것이다. 쉬바에게 매우 성스러운 사마 베다는 리그 베다처럼 '아그니아야히'(agniayahi)라는 말로 시작한다.

이와 별도로 리그 베다 브라마나, 케노파니샤드와 바스카라 상히타는 링고다바(아루나찰라로 나타난 쉬바)를, 시간과 공간의 경계들을 뛰어넘어 우주 공간을 뒤덮고 있는 눈부신 빛기둥으로 묘사하고 있다. 그 엄청난 광휘는 감각 기관이 도저히 인식할 수 없으며 마음조차 상상할 수가 없다. 흥미롭게도 리쉬 파라사라는 아그니를, 오직 아그니만을 찬양하였으며, 그의 후손 가운데 한 분이 아루나찰라의 현현이었다. 나중에 보겠지만, 그분이 바로 우리의 바가반 라마나이시다.

이 조티(빛), 이 기둥의 장엄함은 낮은 단계에 있는 신들을 기겁하게 하였다. 자아의 창조자인 브라마와 자아의 수호자인 비슈누는 그 빛기둥과 분리된 존재가 아니었다. 그렇지만 그들은 자신의 신묘한 환영으로 인해 그 지고의 빛을 자신들과 별개인 존재로 느꼈고, 자신들이 그 지고의 빛과 하나임을 깨닫지 못하였다. 이원성에서 나온 이 무지로 인해 그들은 서로 다투었다. 기나긴 말다툼 끝에 그들은 그 빛을 측량해 보기로 하였다.

비슈누는 이 빛기둥의 근원을 찾으러 갔고, 브라마는 그 궁극의 끝을 찾으러 갔다. 하지만 그들의 노력은 수포로 돌아갔다. 이 이야기는 리그 베다 브라마나에 묘사되어 있다. 비슈누는 테조링가(빛의 링가)의 밑바닥을 찾고자 바라하(수퇘지)의 모습을 취해 땅속을 깊이 파고들며 천 년 동안 찾아 헤맸지만 결국 찾지 못하자 이렇게 신을 찬양하였다. "오, 신이시여, 이것이 당신의 힘입니다. 당신은 우리의 아버지와 어머니이시며, 형제와 자매이시며, 친구와 친지이십니다. 이것을 깨닫는 자는 진실로 온 우주 만물을 알며 당신에게 도달합니다." 여기에는 또한 백조의 형상을 취한 브라마가 그의 앞에 당당하게 서 있는 불기둥의 꼭대기를 찾으려고 오랫동안 노력했지만 찾지 못했다는 이야기도 기술되어 있다.

아루나찰라는 그 광휘로써 신들을 겸허하게 했을 뿐 아니라, 원소들을 다스리는 신들의 무지도 없앴다. 이것은 열 개의 주요 우파니샤드들 가운데 하나인 케노파니샤드에 언급되어 있다. 이 우파니샤드의 제3장에는 아루나찰라가 데바들 앞에 나타나서 그들을 움직이고 있는 힘을 깨닫게 했다는 이야기가 실려 있다. 야주르 베다에 언급되어 있듯이, 데바와 아수라들은 서로 싸웠다. 이 전쟁과 이후의 전투에서 데바들이 승리를 거두는데, 이 모든 것은 지고의 힘에 의한 것이었다. 데바들은 이 진실을 모르고 승리의 영광을 자신들에게 돌렸다. 그들이 이처럼 승리의 기쁨에 취해 있을 때, 그들 앞에 찬란한 빛기둥이 나타났다. 바로 아루나찰라였다. 지극한 연민으로 브라마와 비슈누의 행위자 의식을 없앴던 아루나찰라는 이제 데바들에게 자신의 자비를 베풀기로 하였다.

데바들은 이 빛기둥을 보고 놀라서 아그니에게 그 빛이 무엇인지 알아보라고 명령하였다. 그 빛은 아그니에게 어떤 힘이 있는지 물어보았고, 아그니는 자신은 어떤 것도, 우주의 모든 것도 다 불태울 수 있노라고 대답하였다. 그러자 그 빛은 풀잎 하나를 주면서 한번 태워 보라고 하였다. 아그니는 시도하였지만 실패하고 풀이 죽어 데바들에게 돌아왔다. 다음에는 바람의 신인 바유가 나섰지만 그의 엄청난 힘에도 불구하고 풀잎을 움직일 수조차 없었다. 데바들의 우두머리인 인드라가 나서서 빛을 향해 가까이 다가가자 그 빛은 사라졌다. 그때 여신 파르바티가 나타나서 인드라에게 말하기를, 온 우주에 퍼져 있으며 데바들에게 힘을 준 것은 바로 지고의 신 곧 브라만이라고 하였다. 이렇게 우리는 위의 이야기와, 브라마와 비슈누를 겸손하게 하기 위하여 아루나찰라가 눈부신 빛기둥으로 나타났다고 기술한 베다와 푸라나의 이야기 사이에 현저한 유사점을 볼 수 있다. 아그니의 베다적 의미는 '더 앞으로 이끄는 자'라는 뜻도 있다.

푸라나들에 보이는 아루나찰라의 영광

아루나찰라의 출현에 대한 베다와 우파니샤드의 해석과는

별개로, 어떻게 형상이 없는 지고의 힘이 빛의 조티(형상)를 취하게 되었는지에 대한 설명은 푸라나에 나와 있다. 힌두교에서는 베다와 푸라나들이 신에게서 나왔으며 신의 은총으로 계시되어 깨달은 존재들과 현자들에게 전해졌다는 것을 공식적으로 인정한다. 푸라나는 총 18권인데, 위대한 현자 베다 비야사가 모두 수집하여 엮은 것으로 믿어지고 있다.

비야사의 기록에 따르면, 나이미사라니야(현재의 우타르 프라데시 지역에 위치)에 살고 있던 현자들이 쉬바에게 가장 신성한 곳이 어디냐고 수타 무니에게 물었다. 수타 무니는 마르칸데야도 난디케스와라에게 같은 질문을 한 적이 있다고 말하였다. 동료 인간에 대한 연민으로 마르칸데야는 난디케스와라에게 경의를 표한 뒤, 종교 의식이나 책을 통한 배움 혹은 세세한 종교 규율 없이도 참지식을 얻을 수 있는 곳, 이마에 재를 바르는 것만으로도 무지한 사람조차 깨달음을 얻을 수 있는 곳, 모든 주민들이 의식적인 노력 없이도 장애를 극복하고 지고의 지식을 얻을 수 있는 곳, 최악의 인간과 가장 낮은 동물과 무생물까지도 완전에 이를 수 있는 곳이 어디냐고 물었다. 이 질문에 답하여 난디케스와라는 쉬바에게 신성한 지상의 모든 장소들을 자세히 얘기해 주었다. 그는 쉬바가 여신 파르바티와 함께 신들과 리쉬들, 구도자들에게 은총을 준 강변, 해변, 히말라야의 성지들, 그리고 여타 사원들을 알려 주었다. 그는 카시(바라나시), 치담바람, 티루바루르, 가야, 프라야그, 슈리 사일람, 마두라이 등의 위대함을 얘기해 주었다. 하지만 마르칸데야는 꾀를 써서 난디케스와라를 궁지로 몰아넣으며 물어보았다. "바가반이시여, 이 질문을 피하지 말아 주십시오. 지금까지 말씀하신 장소들은 분명 그 나름의 효력이 있을 것입니다. 하지만 이 모든 성지들의 효력을 다 합친 효력을 지니고 있는 곳은 어디입니까? 움직이든 움직이지 못하든 모든 존재가, 알고서 하든 모르고서 하든, 한 번만 그 이름을 기억해도 해방에 이를 수 있는 곳이 어디인지 부디 그 이름을 말씀해 주십시오."

아루나찰라 푸라나의 저자인 쉐이바 엘라파르에 따르면, 이 단계에서, 아루나찰라를 생각하던 난디케스와라는 황홀경에 빠졌으며 곧 사마디에 들었다고 한다. 난디케스와라는 감정이 북받쳐 눈에 눈물이 맺히고 목이 멘 채 "그렇소. 그런 곳이 있소."라고 말하고 아루나찰라의 영광에 대하여 얘기해 주었다. 난디케스와라가 아루나찰라의 영광을 얘기할 때 그 이야기를 들은 위대한 리쉬들 가운데는 사나카, 사난다나, 사나트쿠마라, 사나타수자타(이 네 분은 닥쉬나무르티의 형상으로 나타난 신이다), 니다가(리부의 제자), 바라드바자, 보다야나, 발미키, 그리고 나라다와 같은 갸니들이 있었다는 것은 주목할 만한 일이다. 만일 참나를 깨달은 이런 현자들이 함께 모여 아루나찰라의 영광을 열심히 들었다면, 아루나찰라가 얼마나 위대한지는 미루어 짐작할 수 있을 것이다.

그 후로도 아루나찰라는 그 이름만으로 많은 성자들을 끌어

당겼으며, 칼리 유가 시대에 그분의 고요한 가르침을 널리 전하고 은총을 베풀기 위하여 내려와 인간의 형상을 입었으니 그분이 바로 바가반 슈리 라마나 마하리쉬다.

이제는 푸라나에 언급되고 있는 아루나찰라의 영광에 대해 얘기할 것이다.

쉬바에게 가장 신성한 곳인 아루나찰라 산은 남인도 타밀나두 주에 있다. 둘레는 세 요자나(약 48킬로미터) 정도이다. 우리의 신이며 주인이신 아루나찰라 쉬바는 이 범위 안에 사는 자는 누구든지 노력 없이 해방을 얻을 것이라고 선언하였다. 카일라사 산은 쉬바의 거처이지만 이 산은 쉬바 자신이라고, 쉬바가 선언하였다. 쉬바는 세상의 안녕을 위하여 또 해방을 주기 위하여 이 산의 형상을 취하였다. 아루나찰라 산은 지상의 심장(중심)이라고도 한다. 리쉬들은 아루나찰라가 메루, 카일라사, 만다라(세상이 창조될 때 존재했다는 산)보다 더 우위에 있다고 여긴다. 왜냐하면 아루나찰라는 지고의 존재 자체이기 때문이다. 아루나찰라는 모든 현자와 성자, 시다, 데바, 비디야다라, 약샤, 간다르바와 압사라들이 거주하는 곳이다. 이곳은 모든 존재의 근원이므로 결국은 모두가 이곳으로 돌아오게 되어 있다. 여기에 사는 모든 존재들은 노력 없이 해방을 얻을 수 있기 때문에 천상의 존재들조차도 여기에 머물기를 좋아한다. 이 산의 비탈에 자라는 나무들도 신과의 결합이라는 행운을 누리는 까닭에 그들은 아파르나(Aparna) 여신조차 부러워하지 않는다. 구름에서 이 산 꼭대기로 떨어지는 빗물은 히말라야에서 흘러내리는 갠지스 강물보다 우월하다. 여기에서 살다 죽는 사자와 호랑이, 코끼리는 이 산의 신에게 환영을 받고 존경을 받는다. 여기에서 자라는 나무들은 잎과 꽃과 과실로써 이 고귀한 산의 형상을 입고 있는 그분을 찬양하는 행운을 누리기 때문에 천상에서 자라는 칼파타루나 다른 나무들보다 우월하다. 어두울 때 이곳을 걷는 사람들에게 길을 밝혀 주는 반딧불들은 쉬바의 거처에 이른다. 여기에서 사는 갖가지 새들과 씨앗, 대나무들은 천상의 존재들조차도 얻을 수 없는 지위를 누린다. 심지어 성정이 포악한 사냥꾼들마저 우연히 이 산을 돌아보는 것만으로도 사라지지 않는 공덕을 얻는다. 인드라, 바루나, 야마, 쿠베라는 소나드리 곧 아루나찰라 산의 네 군데 주요 지점에 실면서 이 산을 경배하고 있다. 아루나찰라가 보이는 곳에 있는 산들은 메루와 히말라야보다 더 많은 축복을 받고 있다. 여기에서 신은 자아의 창조자와 보호자를 겸손하게 하였다. 여기에서 가우타마, 두르바사, 아가스티야, 바시슈타와 같은 리쉬들과 또 다른 이들이 엄격한 고행을 하였으며 그들 자신 안에 있는 영원한 쉬바를 깨달았다.

 이곳이 근원이기에 모든 존재들은 결국 여기로 와야 한다. 파르바티마저도 쉬바와 결합하기 위하여 이곳으로 와야 하였다. 고우리의 명령에 따라 두르가는 여기에 머물면서 헌신자들의 모든 장애물을 제거해 주어 그들이 모시는 신을 볼 수 있게 한다. 왕들과 천상의 존재들, 아수라들은 이 산 주위를 돎으로써 모두 죄를 용서받았다. 금지된 행위를 저지르기 위해 아루나찰라에 오려고 그릇되게 생각하는 사람조차 축복을 받는다. 이는 아루나찰라에 오겠다는 생각 자체가 그를 정화하기 때문이다. 아루나찰라는 사멸하는 존재들의 해방을 위하여 이 산의 형상을 입고 지상에 자신을 보여 준다. '아루나'라는 이름은 산을 보기만 하여도 세상들의 쌓인 죄들이 다 소멸된다는 뜻이다. 리쉬들과 시다들, 간다르바들, 요기들은 카일라사 산의 정상까지도 포기하고 여기로 와서 늘 이 산을 경배한다. 이 근처에서 행해진 선물 증정이나 봉헌, 자파(거룩한 이름의 반복 암송)는 헤아릴 수 없는 도움을 준다. 이 산의 정상을 바라보기만 해도 모든 죄가 사라질 뿐더러 지혜의 눈이 열릴 것이다. 아루나찰라를 보는 순간, 마음과 말과 몸으로 저지른 모든 악이 없어질 것이다. 이 아루나기리는 산 주위를 돌거나 산 앞에 엎드려 절하거나 꽃을 바치거나 헌신으로써 찬양하는 자들의 모든 죄를 없앨 것이다. 쉬바는 심지어 고우리, 인드라 그리고 다른 신들에게도 죄를 씻기 위해 아루나찰라로 가서 회개하라고 명하였다. 아루나찰라에서 하는 참회는 다른 어느 성지에서 하는 것보다 더 좋은 결과를 가져온다. 재채기를 하거나 행복에 겨울 때, 넘어질 때 혹은 잘못을 저지른 후, 지혜로운 사람들은 "아루나찰람!" 하고 외친다. 이처럼 아루나찰라를 생각하면 마음이 정화된다. 마찬가지로, 아루나찰라를 보면 눈이 정화되고, 이 산에 대해 얘기하면 혀가 정화되며, 이 산의 이름을 들으면 귀가 정화된다.

본디 눈부신 빛이었지만 링가는 세상을 위하여 식어 산의 형상이 되었다. 그럼에도 불구하고 아루나찰라는 불타오르고 있으며, 드러나지 않고 있으며, 말로 다 할 수 없는 영광으로 존재하고 있다. 이 아루나찰라는 시디(초자연적인 힘)들을 주며, 온갖 질병을 치료하며, 모든 죄를 멸하며, 그 밖의 많은 은혜들을 베푼다. 세상 어디에서도 산의 모습으로 있는 링가는 볼 수 없다. 옛날에 쉬바는 흙으로 만들어진 물질의 모습을 하고 있는 아루나찰라가 진실로 쉬바 자신임을 모든 존재들에게 분명히 알리도록 현자 가우타마에게 지시하였다. 그리하여 아루나찰라는 지상과 천상의 모든 존재들로부터 숭배를 받고 있다.

4
티루무라이들이 찬양한 아루나찰라

　타밀어로 된 열두 경전인 티루무라이는 산스크리트로 쓰인 네 베다에 해당한다. 이 티루무라이들은 신 쉬바의 가장 뛰어난 헌신자들로 여겨지는 나얀마르(쉬바를 사랑하였던 위대한 63명의 헌신자)들이 기록하였다. 티루무라이들은 'O'로 시작하여 자음 'M'으로 끝나며 함께 모여 근본 소리인 'OM'을 이룬다.

갸나삼반다르
　갸나삼반다르는 시르칼리로도 알려져 있는 티루 토니푸람이라는 곳에서 쉬바파다 히루다야르와 바가와티 암마의 아들로 태어났다. 알루다야 필라이라는 이름을 받았다. 그는 세 살 때 쉬바와 파르바티의 모습을 보았으며, 파르바티에게서 영적 지식의 젖을 받아 마셨다. 그리고 이 세 살배기 아기는 자기가 본

비전을 묘사하는 노래를 지어 불렀다. 그 뒤 그는 많은 성지를 순례하며 티루반나말라이 근처의 아라야나날루르로 갔다. 거기에서 멀리 거룩한 산 아루나찰라를 처음 보고서 넘쳐흐르는 사랑으로 춤을 추며 영적 황홀경에 젖어 노래하였다. 그러고 나서 그는 제자들과 함께 아루나찰라로 갔다. 그들이 티루반나말라이 변두리에 이르렀을 때 도적들이 나타나서 그들의 물건을 몽땅 빼앗았다. 갸나삼반다르는 소유물을 잃은 것에 대해서는 개의치 않았지만, 그들이 어떤 잘못을 저질렀기에 모든 것을 잃게 되었는지 알려 달라고 신에게 요청하였다. 동정심 많은 신은 이 꼬마 성자의 항의를 듣고서 즉시 빼앗긴 모든 소유물을 돌려주고 성대한 잔치를 열어 대접함으로써 갸나삼반다르에게 이 모든 것이 신의 신성한 유희였다는 것을 넌지시 알려 수었다.

갸나삼반다르는 파디감(10~11개의 스탄자들로 이루어진 시)이라고 불리는 시들을 지었다. 이 시들은 훗날 널리 알려진 테바람의 일부가 되었다. 시인들 중에서 갸나삼반다르만이 그의 시에서 쉬바에게 신성한 성소들의 자연의 아름다움을 묘사하고 있다. 아루나찰라를 찬양하는 노래들에서도 자연의 찬연한 아름다움이 묘사된 것을 볼 수 있다. 아루나찰라 산 중턱에서 흘러내리는 폭포 소리, 산 정상에서 울리는 천둥소리, 산비탈에서 비를 피하고 있는 암소, 나무 발판 위에 앉은 앵무새들을 쫓는 마을 아낙네의 목소리, 밤이면 떼를 지어 산에서 내려오는 멧돼지와 코끼리와 사슴들, 비탈에 앉아 염주 알을 쌓아 올리는 집시들의 소리 등을 묘사하는 그의 목소리를 듣는 것은 유쾌한 경험이다. 우리는 그런 풍경과 소리들을 오랜 옛날 그가 보고 들었듯이 지금도 생생하게 보고 들을 수 있다.

그의 노래들은 시로서도 뛰어나지만, 이와 별개로 우리는 사랑하는 헌신자들에 대한 아루나찰라의 사랑을 훌륭하고 감동적인 방식으로 표현하는 그의 시 속에서 그의 열정적인 헌신을 볼 수 있다. 그는 아루나찰라가 헌신자들의 과거 죄뿐 아니라 미래의 죄까지도 없애 준다고 말한다. 그의 노래에는 믿음과 사랑, 내맡김이 있으며, 그의 노래를 부르는 사람은 누구라도 같은 마음을 갖게 될 것이다.

마니카바차카르가 그랬듯이, 갸나삼반다르도 쉬바를 모욕하는 자들을 비판하며 그들의 쓸모없는 말에 현혹되지 말고 오직 아루나찰라만을 신뢰하라고 충고한다.

갸나삼반다르에게 아루나찰라는 그저 평범한 산이 아니었다. 그것은 지고한 존재의 구현이었을 뿐만 아니라, 헌신자들의 마음을 사로잡고 그들을 지고한 영적 진리의 깨달음으로 데려가기 위해 견고한 형상으로 자신을 보여 주고 있는 신의 절대적 은총의 표상이었다. 그의 파디감들은 한결같이 아홉째 스탄자에 아루나찰라에 대해 언급하며 이를 증거하고 있다. 예를 들어, 그는 비부티(이마에 바르는 신성한 재)의 위대함을 묘사하고 있는 파디감에서 "브라마와 비슈누조차도 비부티의 위대함을 알아차릴 수 없다."고 적고 있다.

아파르

 아파르의 찬가들에서 우리는 아루나찰라에 대한 그의 깊은 사랑과 경건함을 볼 수 있다.

 아파르의 본명은 티루나부카라사르였다. 그는 이전의 카르마 때문에 자이나교를 신봉하였다. 그의 누이이자 쉬바의 열렬한 헌신자였던 틸라카바티는 아파르가 쉬바를 섬기게 해 달라고 기도하였다. 그래서 쉬바는 아파르를 자신의 것으로 받아들였고, 아파르는 쉐이바이트(쉬바를 따르는 헌신자)가 되었다. 자이나교인들은 아파르가 자신들을 버렸음을 깨닫고서 그를 가혹하게 괴롭혔다. 그러나 쉬바의 은총으로 그는 그들이 가한 모든 시련에서 아무런 해도 입지 않고 벗어났으며, 많은 성지를 순례한 끝에 아루나찰라에 오게 되었다.

 시인이자 성자인 세키자르는 아파르가 아루나찰라에 온 것을 다음과 같이 묘사하고 있다.

 "쉬바의 종인 아파르는 감로인 아루나찰라를 보고 지극한 헌신으로 그분을 경배하며 찬양하고 섬겼다."

 아파르는 네 편의 테바라 파디감과 두 편의 티루탄다카 판에서 아루나찰라를 찬양하고 있다. 이 찬가에서 그는 아루나찰라에 대한 확고한 사랑과 끊임없는 명상을 거듭거듭 드러낸다. 그분을 생각하지 않고는 구원이 없다. 그는 아루나찰라가 그에게 베푼 끝없는 희열과 은총을 크나큰 감사로써 표현하고 있다.

첫 파디감에서, 아파르는 그의 마음에는 우마(쉬바의 아내)의 신이자 데바들의 왕인, 구름 덮인 아루나찰라에 대한 생각밖에 없었다고 계속해서 말한다. 그는 예를 들어 "잘 닦여 번쩍이는 황금, 산호의 산으로서 또한 머리에 초승달을 꽂은 자로서, 엉클어진 머리를 하고 있으며 천상의 모든 존재들이 찬미하는 신"에서 볼 수 있듯 탁월한 어휘와 형용어구로 아루나찰라를 찬미한다. 아루나찰라는 진실로 형상이자 영이다. 오직 그분만이 우주의 창조주이며 모든 피조물의 근원이며 모든 존재에게 해방을 주는 분이다. 아파르의 마음은 아루나찰라 아닌 다른 무엇에도 머물기를 거부한다. 티루반나말라이에 와서 장엄한 아루나찰라를 본다면, 어찌 다른 것을 생각할 수 있겠는가?

첫 티루쿠룬토카이에서 아파르는 아루나찰라를 잊어도 구원받을 수 있느냐며 짐짓 어리석은 척 묻는다. 나아가 그는 아루나찰라가 회오리바람처럼 마음을 괴롭히는 과거의 카르마를 완전히 없애며, 그분에 대해 명상하는 사람들에게 풍성한 은총을 베푼다고 말한다. 또 말하기를, 사람이 지은 죄는 벼락처럼 강력하고 빠르게 사람을 굴레 속에 빠뜨리지만, 늘 있는 아루나찰라는 그러한 죄의 효력을 순식간에 없애고 고통 받는 영혼을 그분 자신의 것으로 여긴다고 한다. 아파르는 안나말라이야르(아루나찰라의 타밀어)가 사랑하는 자녀들에게 생기는 모든 병을 대신 떠맡는다고 말한다. 아파르는 또 아루나찰라에게는 그분이 다스리는 해방의 왕국이 있다고 선언한다. 그렇다면 해방시키는 것이 그분에게 어려운 일이겠는가? 이 파디감에서, 아파르는 깊이 감사하며 아루나찰라를 자신의 모든 카르마를 소멸시키는 신이라고 찬양한다.

다음의 쿠룬토카이에서, 아파르는 그의 행운에 동참하도록 온 세상을 초청한다. "오직 그분만을 생각하라." 그는 촉구한다. "그리하면 그분이 달려오셔서 그대에게 은총을 부어 주실 것이다."

링가푸라나토카이에서, 아파르는 왜 비슈누와 브라마가 아루나찰라의 밑바닥과 꼭대기를 찾을 수 없었는지를 설명한다. 그는 비슈누와 브라마가 그분을 경배하기 위해 꽃을 바치지 않았으며, 향기로운 물로 그분을 씻기지 않았으며, 향을 피우거나 그분의 영광을 찬미하지도 않았다고 말한다. 그래서 그들은 아무리 찾아도 찾을 수 없었다. 그러나 그분의 헌신자들은 그분에게 쉽게 다다를 수 있다. 왜냐하면 헌신자들은 그분을 사랑하고 그분은 그들의 사랑에 헌신하기 때문이다. 티루탄다감에서, 아파르는 아루나찰라를 불타오르는 몸을 입은 지고의 존재로 묘사한다. 아루나찰라는 아파르에게 나타라자와 빅샤타나로 나타났다.

순다라무르티 나야나르

네 가지의 길, 즉 헌신, 요가, 행위, 지식의 길 중에서 순다라무르티는 영적 삶에서 요가의 길을 따랐다고 전해진다. 그는 신을 자신의 친구로 여겼으며 신의 은총을 흠뻑 즐겼다. 그는 3,000편이 넘는 파디감을 썼다고 하는데, 현재는 몇 백 편 정도만 남아 있다. 그는 몇 편의 노래에서 더없이 아름다운 말로 아루나찰라를 노래하였다. 순다라무르티가 아루나찰라를 방문한 적이 있다는 증거는 없지만, 그럼에도 불구하고 아루나찰라는 그를 내버려두지 않았으며 그의 가슴속에 머물면서 그로 하여금 그분의 영광을 노래하게 하였다.

쉬바를 숭배하면서 티루파란쿤람, 투라이유르, 반치얌, 텐티루바루르를 다스리는 동안 순다라무르티는 아루나찰라를 생각했음이 분명하다. 왜냐하면 그는 그곳 모두를 아루나찰라라고 말하고 있기 때문이다.

예를 들어 그는 이렇게 노래한다. "수퇘지의 형상을 취해 흙을 파헤치며 땅속 세계로 파고들던 비슈누도, 그리고 백로의 모습으로 날아올랐던 창조자 브라마도 당신의 참된 근본 모습을 알기가 어렵다는 것을 알아차렸나이다." 그러나 다른 곳에서는, 옛날 옛적 브라마와 비슈누가 이리저리 지치도록 찾았지만 신 아루나찰라를 발견할 수 없었다고 노래한다. 갸나삼반다르는 아루나찰라가 헌신자들의 육체적 감각을 없앤다고 하는 반면, 어느 한 편의 파디감에서 순다라무르티는 몸에 대한 집착을 버린 자들만이 그분을 경험할 수 있다고 선언한다.

마니카바차카르

오, 주여! 당신이 저를 당신의 것으로 선언하신 날,
당신은 저의 몸과 영혼과 소유물을 탐하셨나이다.
세 눈을 가진 나의 주여, 제게 어떤 불행도 내릴 수 있사오니
저를 축복하시든 버리시든
그것은 당신의 책임이지 저의 책임은 아닙니다.

― 티루바차캄

오, 아루나찰라여! 당신이 저를 당신 것이라고 선언한 순간
저의 몸과 영혼은 당신의 것이었습니다.
제가 무엇을 더 바랄 수 있겠나이까?
당신은 상이며 또한 벌입니다.
오, 나의 삶이여!
당신과 떨어져 있는 삶은 생각할 수도 없나이다.
사랑하는 분이여, 그러니 원하시는 대로 하옵소서,
허나 당신의 발에 대한 사랑만은 늘 더욱더 자라게 하소서.

― 아루나찰라에 대한 다섯 찬가
(아홉 보석으로 된 목걸이)

위의 두 시는 각각 다른 시대에 쓰인 것이다. 전자는 서기 3세기 무렵에, 후자는 20세기 초에 쓰였다. 이 둘은 각기 다른

시대에 쓰였지만 같은 뜻을 전하고 있다. 바가반 라마나가 산 위의 동굴에 머물고 있을 때, 또 나중에 슈리 라마나스라맘에 머물 때도 몇몇 헌신자들은 티루바차캄에서 선별한 시편들을 즐겨 암송하였다. 그럴 때마다 바가반 라마나는 이 암송을 귀 기울여 듣다가 나중에는 감정이 북받쳐서 주체할 수 없이 눈물을 흘리곤 하였다. 라마나는 깊은 사마디에 잠길 때가 많았는데, 이때 그를 달샨한(본) 사람들 가운데 몇몇은 이렇게 석상처럼 앉아 있는 사람이 과연 헌신을 느낄 수 있을지 의아해 하였다. 하지만 티루바차캄을 노래하는 소리를 들을 때의 바가반의 모습을 보고서 그들은 생각을 바꾸었고, 크게 존경하며, 바로 여기에 헌신의 화신이 있노라고 외쳤다.

　티루바차캄을 읽으며 가슴이 녹지 않는 자들은 그 어떤 것에도 녹지 않는다는 말이 있다.

　마니카바차카르는 마두라이 가까이에 있는 티루바다부르에서 태어났기 때문에 티루바다부라르라고도 알려져 있다. 젊었을 때 그는 아주 총명하여 아리마르다나 판디얀 왕은 그를 총리로 임명하였다. 마니카바차카르는 또한 쉬바의 열렬한 헌신자였으며, 쉬바만이 그의 구루가 되어 그를 입문시켜 달라고 기도하였다. 그가 총리의 자리를 수락한 까닭은 쉬바에게 바쳐진 신성한 사원들을 방문하는 데 도움이 되리라 생각했기 때문이다.

　한번은 군대에 쓸 말들을 사기 위해 금과 보석들을 들고서 해변에 있는 촐라나두로 가고 있었다. 도중에 그는 지금은 아부다야르 코일로 알려진 티루페룬두라이를 지나고 있었는데, 쿠룬다 나무 그늘 밑에 나이 많은 성인이 앉아 있는 것을 보았다. 마니카바차카르는 걸음을 멈추었고, 성인은 그를 제자로 받아들였는데 그는 다름 아닌 쉬바였다. 스승의 명령에 따라 마니카바차카르는 가져온 모든 보물을 그곳에 쉬바의 성전을 세우는 데 다 써 버렸다.

이 소식을 들은 왕은 너무나 화가 나서 그를 감옥에 가두었다. 인간의 모습을 한 쉬바 신이 말들을 왕에게 가져왔지만, 이들이 모두 여우로 변해 울부짖는 바람에 온 도시가 소란스러워졌다. 왕은 총리를 풀어 주었지만 그에게 흑마술을 쓴다는 죄목을 덮어씌웠다.

그날 밤 강에 홍수가 났다. 다음 날 쉬바는 젊은이의 모습을 하고서, 둑을 쌓는 일에 나온 노파를 돕고 있었다. 아리마르다나 판디얀 왕은 일을 하지 않고 게으름을 피운다며 그를 때렸다. 그 순간 왕을 포함하여 그곳에 모여 있던 모든 사람과 모든 동물, 새, 나무, 온 우주가 동시에 그 매를 맞았다. 그리고 모든 사람의 몸에 매를 맞은 자국도 생겼다. 그때 쉬바 신은 원래 모습을 드러내어 왕에게, 마니카바차카르가 사랑하는 신을 경배하는 데에 삶을 헌신할 수 있도록 허락해 달라고 요청하였다. 그래서 마니카바차카르는 허락을 받았다. 마니카바차카르는 티루바차캄과 티루코바이야르를 지었는데, 이 두 노래는 타밀어 문학의 보배들이다.

네 명의 성인 중 마니카바차카르만이 쉬바의 일곱 성지를 모두 방문하였으며, 이 성지들을 주재하는 쉬바를 아름다운 말로 노래하였다. 이 성지들 가운데 아루나찰라가 가장 두드러지는데, 왜냐하면 그는 여기에서 가장 유명한 작품인 티루뱀바바이를 썼기 때문이다. 비록 네 명의 시인 성인들은 여러 성지에 거주하고 있는 쉬바 신에 대해 노래했지만, 아루나찰라를 찬양할 때에 그들은 헌신의 절정에 이르며 독자들까지 함께 그곳에 데려간다. 마니카바차카르가 사랑에 빠진 사람이 연인에게 그러하듯 아루나찰라에 대한 사랑을 고백하는 노래는 전율마저 느끼게 한다.

마니카바차카르의 찬가가 헌신의 문학에서 특별한 위치를 차지하는 까닭은 아마도 그가 아루나찰라와의 관계에 매우 개인적이고 사적인, 심지어 가족적이라고까지 말할 수 있는 차원을 도입한다는 사실 때문일 것이다. 그는 자신의 모든 행위가 아루나찰라에 대한 경배의 일부라고 쓰고 있다.

티루바차캄의 첫 노래는 쉬바 푸라나다. 이 노래에서 그는 아루나찰라를 끊임없는 희열을 주는 산이라고 찬양한다. 다른 노래에서는 이렇게 말한다. "우리의 주 아루나찰라를 찬양하라. 그분은 내 눈의 연인이며 감로의 바다이시라." 아루나찰라를 볼 때 그의 가슴에는 사랑의 샘물이 용솟음친다. 아루나찰라는 우리가 큰 기쁨과 즐거움으로 바라볼 수 있도록 그곳에 있다. 아루나찰라의 타밀어 이름인 안나말라이야르는 모든 형용어구가 담겨 있는 유일한 단어이다. 마니카바차카르는 아루나찰라와 그분의 영광을 묘사할 때는 최상급의 언어를 사용한다.

이제 우리는 아루나찰라가 사랑하는 마니카바차카르를 자기의 것이라고 하는 것을 보게 될 것이다. 마니카바차카르는 아루나찰라를 루비의 산이라고 찬양한다. 그는 아루나찰라의 이름만으로도 마음이 녹을 수 있도록 은총을 달라고 기도한다. 다른 노래에서는 "오, 흠 없는 산이시여, 어찌하여 저를 당신의 것이라고 말씀하십니까?"라고 말한다. 또 다른 곳에서는 크나큰 사랑으로 외친다. "오, 산이시여, 당신은 저에게 당신 자신을 주셨습니다." 이렇듯 마니카바차카르는 사랑 어린 목소리로 아루나찰라가 자신의 귀중한 보물이라고 말한다. 나아가 아루나찰라가 "가장 높은 신들도 헤아릴 수 없는 은총의 산, 신성한 마법의 주문들이 모두 담겨 있는 위대한 산"이라고 잔양한다. 그는 이처럼 사랑스러운 말들로 아루나찰라를 찬양한다.

마니카바차카르나 다른 성인들은, 늘 신에게 마음을 두면서 일상의 일들을 해야 한다는 점을 우리에게 전달하기 위해서 혹은 일을 통해서 그분을 경배해야 한다는 점을 세상에 알리기 위해서, 그들의 노래에 사람들이 행하는 일상의 의무들로 제목을 붙였다.

예를 들어, 마니카바차카르는 신에게 아침 예배를 드리기 위해 꽃과 잎을 따는 단순한 일에서 영감을 받아 20편의 시를 지었다. 그 시들을 티루푸발리(사랑하는 이를 위하여 꽃을 따는 것)라

한다. 춘눔은 목욕을 할 때 쓰는 약초 가루이다. 이 가루는 여러 약초를 갈아 섞은 것이다. 마니카바차카르는 전통에 따라 신에게 기름을 붓는 의식에 쓸 춘눔을 만들기 위해 약초를 빻고 준비하는 행위에 참여하자고 우리에게 권유한다. 이 노래는 티루포르춘눔이라 불린다. 그 시대에는 대개 노래를 불러 왕들을 깨웠다. 그는 이 관습에 따라 파디감을 지었는데, 티루팔리에출리는 우리 안에 있는 신을 일깨우기 위한 노래이고, 티루폰누살은 마음이 신과 합쳐져 하나 되도록 하기 위한 노래이다. 쉬바 성전에서는 이 두 노래 곧 티루팔리에출리와 티루폰누살을 각각 아침과 밤에 부른다. 마니카바차카르는 또 고대 타밀의 놀이나 춤에서 이름을 따오기도 하였다.

티루텔라남에서 그는 비슈누와 브라마, 그 밖의 모든 데바들이 소중히 여기는 아루나찰라가 그분을 위해 봉사하고 노래하도록 그를 선택했다는 말을 세상 사람들이 들으면 비웃을 것이라고 말한다. 젊은 어머니들은 아기를 요람에 눕히고 부드럽게 흔들면서 자장가를 불러 재울 것이다. 마니카바차카르도 그의 신을 위해 자장가를 부른다(티루폰누살). 어느 구절에서는, 비슈누와 브라마도 헤아릴 수 없는 신 아루나찰라가 잡종 개보다도 못한 자신(시인)에게 해방의 도시를 주었다고 말한다.

티루바차캄에서 마니카바차카르는 150편이 넘는 시에서 자신의 어머니보다 더 많은 사랑을 베푸시는 신 아루나찰라를 찬양하고 있다. 그 모든 시를 일일이 언급할 수는 없으므로 그 가운데 몇 편만 소개한다.

모두 와서 절하라.
비슈누마저도 찾지 못한
신의 연꽃 같은 발에.　　　　　　　　　　　－ 티루파다야트치

오, 나의 가슴이여, 말해 보라,
신이 나에게 베푸신 은총을 갚을 수 있는가?
브라마와 비슈누마저도 다다를 수 없는 신에게.
　　　　　　　　　　　　　　　　　　　－ 판다야 난마라이

우리는 어느 것도 두려워하지 않지만,
강한 멧돼지(비슈누)가 땅속 깊이 파고들어도 노달할 수 없는
신의 발에 절하지 않는 자를 두려워하노라.
　　　　　　　　　　　　　　　　　　　－ 아차 파투

오, 나비여, 나의 신에게 한 번만이라도 전해 다오.
위대한 브라마와 비슈누마저 나의 신 아루나찰라의
언저리에도 다다를 수 없어 실망했건만, 그분은 한없는 자비로
나를 받침돌 위에 높이 세우시고 자랑스럽게 하셨노라.
　　　　　　　　　　　　　　　　　　　－ 티루코툼비

마니카바차카르가 티루반나말라이를 방문하였을 때, 그는 춤추고 노래하며 노는 소녀들을 보았음이 틀림없다. 소녀들이 민요를 부르며 노는 특정한 놀이가 있는데, 각각의 노래는 '암마나이'라는 말로 끝난다. 모든 것을 깊은 헌신의 눈으로 보았던 이 시인은 이 노래들을 듣고서 힌트를 얻었음이 분명하며, 헌신자의 의도를 알고 있는 신은 그에게 20편으로 이루어진 티루밤마나이를 지어 부르도록 영감을 주었을 것이다. 그는 제8편에서는 신이 어떻게 하여 옛날 마두라이에서 나이 많은 여인 반디를 축복했는지를, 제10편에서는 안나말라이야르를 아르다나레스와라라고 찬양하면서 어떻게 하여 그가 아루나찰라를 한 번 보자마자 순종하게 되었는지를 얘기하고 있다.

매년 타밀의 마르갈리 달(12월 15~1월 15일)에는 아르드라 별이 떠오르는 기간인 아르드라 전 열흘 동안, 타밀나두에 있는 모든 쉬바 성전에서는 티루벰바바이를, 오직 티루벰바바이만을 노래하는 것이 전통이다. 오늘날까지도 마르갈리 달에는 헌신자들이 목욕을 하고서 새벽의 안개와 추위에도 아랑곳하지 않고 티루벰바바이를 노래하며 거리를 돈다.

티루반나말라이를 방문한 마니카바차카르는 산의 서편 조용한 곳에 자리를 잡고서 아루나찰라의 아름다움을 감상하기 시작하였다. 그때는 마르갈리 달이었으므로 그는 소녀들이 뛰놀고 장난치며, 풍부한 빗물로 가득 찬 저수지에서 멱 감는 것을 보았을 것이다. 멱을 감으러 가는 소녀들은 집집을 찾아다니며

민요를 불러 친구들을 깨웠을 것이다. 그는 이 시골 소녀들의 소박한 행동을 보고서 스무 편의 아름다운 시를 지었는데, 잠들어 있는 영혼들에게 잠에서 깨어 사랑하는 아루나찰라와 한 몸이 될 준비를 하라고 간곡히 권한다.

헌신자의 마음은 사랑하는 신 아루나찰라의 이름을 듣기만 하여도, 심지어 거리를 걷다가 지나치는 사람이 우연히 그 이름을 언급하기만 하여도 녹아내려, 주변 상황을 다 잊고 눈물을 쏟는다. 그러나 슬프게도, 같은 그 마음은 그 상태에 머무르는 대신에 변덕스러운 감각을 따른다. 시인은 말한다. "시작도 끝도 없는 아루나찰라의 빛기둥을 우리의 가슴에 영원히 두어 그 영원의 바다에서 헤엄치리라." 나아가 그는 같은 시편에서 마음의 변덕스러움을 꼬집어 말한다. "헌신자의 마음은 낮이건 밤이건 늘 신만을 사랑하겠노라고 말한다. 그러나 그 마음은 세상의 쾌락을 쫓아간다." 또 다른 시편에서는 "헌신자의 마음은 신을 아버지로, 감로로, 희열의 체현으로 찬양하지만 잠시 후면 그 마음은 다시 무지의 어두운 구렁텅이로 떨어진다. 나의 주 쉬바라고 열렬히 부르짖지만 우리는 그분의 참된 영광을 알지 못하고 우둔한 상태에 머문다."라고 말한다. 마니카바차카르는 경탄하며 말한다. "신과 하나 되기를 열망하는 진지한 마음을 다시 삼사라로 끌어들이니, 마야의 힘은 얼마나 강한가."

같은 시 티루벰바바이에서, 그는 안나말라이야르가 가장 오래된 것보다 더 오래되고 가장 새로운 것보다 더 새롭다고 칭송한다. 다른 시편에서는 이렇게 묻는다. "그분의 왕국은 어느 것이며, 그분의 이름은 무엇이며, 그분과 가까운 자는 누구이며, 그분과 먼 자는 누구인가?" 비록 그분에게는 그분의 것이라고 할 수 있는 특정한 장소나 이름이 없지만, 시인은 아루나찰라가 하인처럼 우리의 부름에 귀를 기울이고 주저 없이 우리의 가정에 은총을 베풀며 연꽃 같은 발을 우리에게 내주기 때문에 가난한 자와 불쌍한 자의 친구라고 말한다.

첸다나르와 티루말리가이 테바르

성자 첸다나르는 테바람, 티루바차캄과 함께 판차푸라나 중 하나인 티루팔란두를 지었다. 그는 거리의 행렬 속에서 다가오던 치담바람의 나타라자의 모습, 그리고 그를 아루나찰라로서 본 것을 감동적인 말로 묘사하였다. 이 시에서 그는 브라마와 비슈누가 알 수 없었던, 그리고 자신의 전존재를 감로처럼 채운 아루나찰라의 만세를 기원한다. 전설에 따르면, 성자 첸다나르는 눈물을 글썽이며 북받치는 감정으로 가슴이 멘 채 아루나찰라를 명상하며 그 헌신의 힘만으로 사원의 차량을 제자리로 가져왔다고 한다.

티루말리가이 테바르의 티루비사이파도 판차푸라나 가운데 하나인데, 여기에서 그는 "온 우주에 광채를 내뿜으시는 아루나찰라께 엎드려 절합니다."라고 노래한다.

티루물라르

티루물라르는 10번째 티루무라이인 티루만디람을 지었다. 제8장의 둘째 탄트라(시구)에서 그는 쉬바의 발과 머리를 찾는 브라마와 비슈누 이야기를 언급하고, 이것을 아드바이타 철학과 관련지어 설명한다. 티루물라르는 3,000년을 살면서 매년 한 편씩 총 3,000편의 노래를 지었다고 한다. 티루물라르가 지은 티루만디람은 쉬바 철학, 요가, 헌신 등 쉬바와 갸나의 숭배에 관련된 주제들을 폭넓게 다룬 저작이다.

전설에 따르면, 티루물라르는 신 난디의 제자였는데, 소치는 사람 물란의 죽음을 슬퍼하는 가족과 소들을 위해 그의 죽은 몸에 들어갔다고 한다. 그래서 그는 티루물라 나야나르로 알려지게 되었다. 쉬바를 눈부신 빛기둥의 형상으로 묘사하는 그의 글은 실세 내년의 경험에서 비롯된 것으로 여겨진다. 위대한 티루물라르는 브라마와 비슈누의 탐험 전체 과정을 마음의 환상으로 본 듯이 기술하고 있다. 그는 눈부신 빛기둥이 높아 솟아오르기 전 모든 피조물을 포옹하고(아링가남) 있는 것으로 묘사한다. 이것은 '가장 순수한 형태'의 아드바이타(不二)이다.

그는 데바들이 아루나찰라의 본성을 모른다고 말한다. 헌신자가 자신을 아루나찰라에게 맡길 때, 그분은 답례로 그분 자신을 헌신자에게 주신다. 즉 우리가 자애로운 신께 우리 자신을 드리면, 그분은 그분 자신을 우리에게 주시는 것이다. 불행히도 위대한 신들인 브라마와 비슈누, 다섯 원소의 신들과 데바들은 이 단순한 진리를 깨닫지 못하였다. 슈리 라마나에 대한 슈리 무루가나르의 저작인 라마나 산니디 무라이에 같은 견해가 반영되어 있다. 키르티 티루바가발에서 슈리 무루가나르는 말한다. "주 라마나께서는 아무것도, 심지어 해방조차도 요구하지 않는 헌신자에게 자신을 온전히 주신다." 티루물라르가 쓴 티루만디람은 아루나찰라에 대한 독특하고 예리한 통찰들이 많이 들어 있는데, 예를 들면 "아루나찰라는 물질, 생물, 형상, 원자, 태양들, 달들, 우주들을 초월한다."고 쓰여 있다. 덧붙여 그는 "두 걸음 안에 세상을 초월하는 비슈누와, 베다의 힘으로 무엇이든지 이룰 수 있다고 자만했던 브라마는 아루나찰라의 빛기둥 근처에도 이를 수 없었다. 그렇다면 그들이 어찌 그분의 본성에 이를 수 있겠는가?"

이렇듯 티루물라르 같은 위대한 성자들만이 아루나찰라의 본래 영광을 묘사할 수 있다. 자신 안에서 그 영광을 경험했기 때문이다.

남비 안다르 남비, 낙케라르, 카빌라르, 카라이칼 암마이야르

타밀 문학에 밝은 사람들은 낙케라르와 카빌라르라는 이름을 잘 알고 있을 것이다. 타밀 문학의 주요 부분은 18상편과 18하편으로 불린다. 전자는 파투 파투와 에투 토가이로 이루어져 있다. 파투 파투의 작품들 속에는 아트루 파다이라고 불리는 특정한 글들이 있다. 이들이 이렇게 불리는 이유는 이 작품들이 가난한 시인을 관대한 왕에게로, 열렬한 헌신자를 그의 신에게로 안내하기 때문이다. 파투 파투의 첫 작품은 티루무루가 트루파다이이다. 지은이는 낙케라르이다. 그는 제3상감 시대에 속하는데, 이 시기는 기원전 1500년에서 서기 200년 사이에 해당한다. 그의 작품들은 제11번 티루무라이에 포함되어 있으며 여기에서 그는 빛나는 문체로 아루나찰라에 관하여 쓰고 있다. 티루벤고이말라이 엘루바두라고 불리는 부분에서는 아루나찰라가 물질 형상을 입고 있는 프라나바(옴의 다른 이름) 소리이기 때문에 멧돼지 형상을 취한 브라마와 백조 형상을 취한 비슈누가 찾지 못했다고 서술하고 있다.

시인 카빌라르는 상감 시대에 속하는 브라민이었다. 그의 작품들은 아가티나이 문학에 포함된다. 제11번 티루무라이에서 그는 신 아루나찰라에게 바치는 잔가로 화환을 엮는다. 그는 이렇게 노래한다. "모든 공간에 가득하시며, 제 마음을 채우시고, 저의 지성을 흐리시는 아루나찰라께서 저에게 은총을 베풀지 않으시면, 저는 정녕코 소멸하고야 말 것입니다."

남비안다르남비는 테바람에 곡조를 불어넣었다. 티루판니야르 티루비루탐에서 그는 비슈누와 브라마도 헤아릴 수 없었던 아루나찰라를 서정적으로 노래한다.

카라이칼 암마이야르는 그녀의 작품 티루반다디에서 아루나찰라를 아름다운 말로 칭송하고 있다.

다음 사진들은 아루나찰라의 다양한 측면들을 표현하는 사진들 가운데 일부이다. 이 사진들은 아루나찰라에 대한 사진작가들의 열렬한 헌신과 사랑을 생생히 표현하고 있다.

| 라자 고푸람에서 바라본 대사원과 티루반나말라이

"이곳은 신성한 곳이다! 모든 곳 가운데 아루나찰라가 가장 신성하다!
이곳은 세상의 심장이다! 이곳이 쉬바의 은밀하고 신성한 심장─중심임을 알라!
그곳에서 쉬바는 장엄한 아루나 산으로 항상 거주하고 있다!"

― 슈리 아루나찰라 마하트미얌, 스칸다 푸라나 중에서

| 아-루-나-찰-라 : 판차묵함, 아루나찰라의 다섯 얼굴

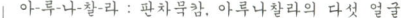

아루나찰라의

"오, 아루나찰라여, 당신의 아름다움을 드러내시어 본래 떠돌기를 좋아하는

분위기들

마음이 방해받지 않고 고요히 당신을 보게 하소서."

| 스칸다스라맘 : 슈리 라마나 마하리쉬가 1916년부터 1922년까지 머물던 곳.

산속

| 비루팍샤 동굴: 슈리 라마나 마하리쉬가 1899년부터 1916년까지 머물던 곳.

| 퐁갈 축제 : 이른 아침에 바깥으로 모셔져 나오는 신 아루나찰레스와라

대사원

| 마하쉬바라트리: 색깔이 든 분말로 땅바닥에 그린 신 나타라자

아들에게 온 아버지 : 디팜 후 들째 날 산 주위를 도는 도중에 라마나스라맘에 잠시 안치된 신 아루나찰레스와라

10일간의

소 축제 : 해마다 열리는 이 행사에는 타밀나두 주 전역에서 농부들이 온다.

| 신의 행렬 : 수천 명의 헌신자들이 신을 태운 큰 차량을 이끌고 티루반나말라이 거리를 행진한다.

디팜 대축제

| 산 정상 : 신성한 불이 산의 정상에서 켜진 뒤 이 불에 경의를 표하고 있다.

| 파발라쿤루 사원에서 바라본 산

"아버지 소나기리시여! 신성한 황소를 타고 계시는 분이시여!
당신은 저의 고행의 목표이시며 그 결실이십니다.
당신은 저의 아버지이며 어머니이십니다.
저를 피난처인 당신의 거룩한 발로 끌어당기시는 분도 당신이시니
이를 어찌 묘사할 수 있으리오."

— 구하이나마쉬바야 데바르의 아루나기리 안다디, V. 61

| 산에서 바라본 티루반나말라이의 야경

5

아루나찰라: 성자들의 연인

고대의 많은 현자들이 성지순례를 위하여 혹은 아루나찰라 근처에 살기 위하여 히말라야나 인도의 여러 성지들로부디 이루니찰라를 찾아있다. 이 리쉬들 가운데는 풀라스티야, 바시슈타, 마리치, 아가스티야, 다디치, 나가라, 브리구, 아트리, 자발리, 자이미니, 자마다그니, 바라타, 피프라타, 카샤파, 쿠무다, 바르샤, 비반다가, 비야사, 만다비야, 마탕가, 쿡쉬, 만다카르니, 찬디리야, 마두찬다스, 가르게야, 아파스탐바, 로메사무니, 바르가바, 바라드와자, 슈웨타케투, 코운디니야, 푼다리카, 발미키, 나라다, 바히니, 보다야나, 므루칸두, 두르바사, 강가바리야, 데바다타, 수슈루타, 비스라바스, 망갈리야, 리쉬야스링가, 에카파다, 크로운차, 앙기라스, 파탄잘리, 사나카, 사난다나, 사나트쿠마라, 사나트수자타, 마이트레야, 푸슈파지트, 니다가, 파라사라, 바이삼파야나, 야그나발키야, 아스왈라야나, 아난타카루나, 아말라카프리야, 그리고 카필라 등이 있다. 이들 가운데 발미키와 몇몇 리쉬들은 이티하사(서사시)를 남겼고, 비야사와 나라다 외 몇몇 리쉬들은 푸라나들을, 아파스탐바와 보다야나, 야그나발키야, 파라사라, 자이미니, 그리고 다른 리쉬들은 베다의 일부분을 전해 주었으며, 피프라타와 다른 이들은 우파니샤드를 전해 주었다. 이 모든 위대한 성자들은 아루나찰라의 자석 같은 힘에 이끌렸다.

이제 우리는 아루나찰라와 그분의 헌신자들에게 봉사하기 위해 아루나찰라를 찾아온 성자들에 대해 얘기할 것이다.

데이바 시가마니 데시카 파라마차리야 스와미갈

약 700년 전, 데이바 시가마니 데시카 파라마차리야 스와미갈은 아루나찰라의 동쪽에 있는 작은 오두막에서 살았다. 그는 아루나찰라를 경배하고 아루나찰라를 따르는 이들을 통해 쉐이비즘(쉬바 파의 이론)을 전파하였다. 그의 위대함을 전해 들은 어느 왕이 그를 만나기 위해 찾아왔다. 그런데 그때 왕의 말이 뱀에 물려 죽었다. 왕은 화가 났지만, 대신은 왕을 달래어 이 성자를 만나게 하였다. 성자는 말에 대한 얘기를 듣고서 밖으로 나가더니 아루나찰라에게 기도하며 지팡이로 말을 가볍게 두드렸다. 그러자 말이 다시 살아났다. 성자는 왕에게 아루나찰레스와라 사원을 보수해 달라고 요청하였다. 왕은 성자의 요청을 들어주었다. 그리고 성자가 행한 기적을 사원의 셋째 프라카람(사원의 마당)의 남쪽 벽에 새겼다. 이 성자의 사마디(무덤)는 티루반나말라이 읍의 경계 바깥에 있다. 현재 쿤라쿠디 아디남의 구루무르탐이 그것이다. 이 사마디는 지바 사마디라는 이름으로도 알려져 있다. 쿤라쿠디 아디남 사원은 본래 티루반나말라이에 있었는데, 나중에 피란 산으로 이전되었다. 지금은 쿤라쿠디에 있다. '쿤라쿠디 아디남'이라는 호칭을 보유하고 있는 무트(mutt)의 지도자들은 아직도 티루반나말라이에 있는 그들의 첫 구루무르탐에 경의를 표한다. 바가반 라마나는 1987년 망고 숲 근처로 거처를 옮기기 전에 6개월가량 구루무르탐에 머물렀다.

망가이야르카라시

유명한 성녀 망가이야르카라시는 아루나찰라와 그분의 헌신자들을 깊이 사랑하였다. 티루반나말라이 사람들이 한때 물이 부족하여 고통을 겪을 때, 이 성자는 이곳에 큰 저수지를 만들었다. 그녀는 또한 아루나찰레스와라 신이 산의 정상에 밝혀진 성스러운 봉홧불을 볼 수 있도록 사원의 셋째 프라카람에 만타팜(풍부한 조각이 있는 탑)도 세웠다. 이것은 디파 달샤나 만타팜으로 알려져 있다. 그녀는 또한 보석으로 봉헌물을 만들어 신에게 바치기도 했다. 이렇게 그녀는 모든 재산을 아루나찰레스와라에게 바쳤으며 죽을 때 신의 은총을 입었다. 그녀의 고결한 행위들은 프라카람 사원의 벽에 새겨져 찬양되고 있다.

파니 파트라스와미

13세기에는 많은 성자들이 티루반나말라이에 살았다. 데이바시가마니 파라마차리야 스와미갈, 망가이야르카라시와 그녀의 남동생, 그리고 파니 파트라스와미 같은 성자들은 사원의 안과 주위에 무트를 조성하고 노래와 사심 없는 봉사로 아루나찰레스와라를 경배하였다.

파니 파트라스와미는 아루나찰라에 매료된 많은 성자들 중의 한 분이었으며, 그분의 영광을 전파하기 위해 신에게 선택받은 사람이었다. 파니 파트라스와미의 본래 이름은 기리 데바였다. 그가 사원에 물을 가져가기를 원하자, 브라마 티르탐의 물이 저절로 와서 그릇 모양으로 그의 손 위에 놓였다. 그런 이유로 그는 파니(물) 파트라(그릇) 스와미로 알려지게 되었다. 아루나찰레스와라는 그분의 헌신자들을 먹이기 위해 매일 금화 한 닢씩을 이 성자에게 주었다고 한다. 이 성자는 아루나찰레스와라의 영광을 찬미하였으며 다른 사람들에게도 그렇게 하기를 권하였다.

아지아 브라담 푼다 탐비란

톤다이만달라 벨랄라르에 속하는 무트가 있었는데, 지금은 그 자리에 천 개의 기둥이 있는 홀이 서 있다. 무트의 우두머리인 아지아 브라담 푼다 탐비란은 쉬바링가를 경배하고 쉐이바 철학을 전하면서 여기에 살았다. 그가 경배한 쉬바링가는 어느 갸니의 사마디였다.

비자야나가르의 크리슈나 데바라야는 사원에 천 개의 기둥이 있는 홀을 짓고 싶어 하여, 벨랄라르로부터 그 무트를 구입하고 그들에게는 땅을 주어 다른 무트를 세우도록 했다. 이 홀의 내부에는 이 일에 대한 얘기가 새겨져 있다. 링가를 다른 곳으로 옮기고 싶지 않았기에 건축가들은 링가 구역을 그대로 보존하면서 홀을 세웠다.

이 링가는 홀 바닥보다 낮은 위치에 있는 까닭에 파탈라 링가라고 불리게 되었다. 그리고 링가 숭배를 위해 바닥에서 아래로 내려가는 계단이 만들어졌다. 무트의 우두머리인 아지아 브라남 푼다 탐비란은 링가를 경배하며 계속 거기에서 살았다. 슈리 라마나 마하리쉬가 티루반나말라이에 도착하여 첫 몇 달 동안, 세상의 관심에서 벗어나 음식 등 생존에 필요한 기본 요소들도 망각하고 모기 같은 곤충이나 전갈에게 뜯기고 물리는 것도 알아차리지 못한 채 앉아 있던 곳이 파탈라 링가 지하실이었다.

닥쉬나무르티 스와미(아루나찰람 스와미)

그는 아루나찰레스와라의 은총으로 태어났기에 아루나찰람이라고 불렸다. 그는 다섯 살이 될 때까지 말을 하지 않았다.

어느 날 한 사두가 그의 부모에게 "아이에게 말을 걸어 보세요. 이제는 말을 할 겁니다."라고 말하였다. 부모가 그에게 왜 여태 말을 하지 않았느냐고 묻자 그는 깊은 영적 의미가 있는 대답을 하였다. "저는 고요 속에 있었습니다. 마음이 움직이지 않았습니다." 그 사두가 그에게 "너는 누구냐?"라고 물었다. 소년은 "당신이 저이고, 제가 당신입니다."라고 대답하였다. 그 사두는 모든 피조물과 하나임을 느끼는 이 소년의 높은 영적 경지를 찬양하였다.

아루나찰라 스와미는 평생 많은 기적을 행하며 아드바이타 철학을 전파했다. 부모가 둘째 아들을 잃고 슬퍼하자, 그는 전생의 아들들과 헤어진 것에 대해서는 슬퍼하지 않으면서 왜 이 생의 아들과 헤어진 것에 대해서는 슬퍼해야 하느냐고 부모를 위로하였다. 이런 식으로 아루나찰라 스와미는 삶과 죽음의 비밀을 드러냈다.

아루나찰레스와라의 은총으로 태어난 이 소년의 부모는 그에게 아루나찰라라는 이름을 지어 주었다. 그들은 바이슈나바이트(비슈누를 숭배하는 사람)였기 때문에 그들이 속한 종파의 다른 사람들은 그의 이름을 벤카타찰람(Venkatachalam)으로 고치라고 부모에게 강권했다. 부모가 자초지종을 아들에게 얘기하자, 그는 아루나찰람이 벤카타찰람이라고 대답했다. 그는 아루나찰람의 첫 글자는 하리(비슈누)와 관계가 있으며, 둘째 글자는 락슈미, 셋째 글자는 나라야나, 그리고 아찰람은 티루말라와 관계가 있다고 설명하였다.

아루나찰라 스와미는 닥쉬나무르티 스와미로 알려지게 되었다. 그는 티루바루르에서 살았다. 한번은 어떤 사람이 그에게 묻기를, 어떻게 그가 모든 곳에 있을 수 있느냐고 하였다. 스와미는 대답하기를, 만일 질문자가 '나' '그들' '그' '그녀' '이것' '저것' 사이에 아무런 차이가 없다는 것을 안다면 모든 곳에 존재하는 지고의 존재가 될 것이라고 말하였다.

또 한번은 태양이 이글거리는 한낮에 저수지 계단에 누워 있었다. 한 친구가 그에게 나무 그늘 아래에서 쉬라고 권하자, 그는 "만약 신기루의 물로써 저수지의 계단을 식힐 수 있다면, 일시적인 그늘도 불멸의 영혼을 보호할 수 있을 걸세."라고 말하였다. 다른 사두가 이 말의 뜻을 풀어 설명하였다.

에산야 갸나 데시카르

칸다파 데시카르는 벨로르의 벨랄라 공동체에 속해 있었다. 아주 어린 나이에도 그는 날카로운 지성과 고결한 이상을 지니고 있었다. 그는 여러 성지들을 방문한 뒤 티루반나말라이에 도착했고, 에산야 링가 곁에 앉아서 아루나찰레스와라를 명상하였다. 그는 에산야 갸나 데시카르로 알려지게 되었다. 헌신자들이 그에게 선물을 가져오면, 그는 그것을 아루나찰레스와라에게 바치라고 하였다.

호랑이 두 마리가 항상 그의 옆에 앉아 있었다. 헌신자가 그를 만나러 오면, 그는 호랑이들에게 근처 숲 속에 가 있으라고 말하곤 하였다.

그의 사마디 위로 사원이 세워졌으며, 아직도 그곳에서는 숭배 의식이 행해지고 있다.

암마니 암마이야르

아루나찰레스와라 사원의 북쪽 고푸람(사원의 조각 탑)은 암마니 암만 고푸람으로 알려져 있다. 암마니 암마이야르는 어릴 때부터 성스러운 삶을 살았으며, 아루나찰라의 부름에 응하여 티루반나말라이에 있는 한 무트에 살기 위하여 왔다. 그녀는 거룩한 재로 질병을 치유하는 능력이 있었다. 그녀는 또한 북쪽 고푸람을 보수할 기금을 모으기 위하여 여러 지역을 여행했으며, 부유한 사람들에게서 돈을 모아 재건축 사업을 마쳤다.

그 옛날에 젊은 여인의 몸으로 신의 완전한 사랑을 통해 그 많은 일을 해낸 것은 슈리 아루나찰레스와라의 지고한 은총의 결과였다. 그녀의 사마디는 에산야 링가 근처에 있다. 그 위에 사원이 세워졌다.

반나차라밤 단다파니 스와미갈

티루넬벨리 출신의 아루나찰라 헌신자들이 많은데, 반나차라밤 단다파니 스와미갈도 그 가운데 한 사람이었다. 그는 쉬바에게 바쳐진 남인도의 모든 성지를 방문하였으며, 나중에는 티루반나말라이에 와서 살았다. 그는 에산야 무트에서 살았으며, 그 후에 고푸라틸라야나르(수브라마니야) 사원의 만타팜에서 살았다. 그는 고푸라틸라야나르 사원을 개축하고 그곳에서 숭배 의식을 시작하였다. 후에는 산 위 동굴로 가서 살았으며, 수천 편에 달하는 헌신의 노래를 지었다.

앙가프라닥쉬남 안나말라이 스와미

그가 앙가프라닥쉬남 안나말라이 스와미라고 불리는 이유는 평생 앙가프라닥쉬나(시계 반대 방향으로 땅위를 구르는 행위)를 행하면서 산을 돌며 아루나찰라를 경배하였기 때문이다. 그는 쉐이비즘의 기둥들 즉 63명의 나얀마르(쉐이바이트 성자들)를 무척 사랑했으며, 그들의 이름을 붙인 무트를 지었다. 카르티카이 디팜 축제의 여섯째 날에는 63명 성자들의 성상을 모시고 행진하는 의식이 있는데, 이때 각 무트의 대표자들은 성상들에게 존경의 예를 올린다.

이라이 스와미갈

아루나찰라에 대한 사랑을 표현하는 헌신자들의 방식은 놀라우리만치 다양하다. 그들은 그분의 사원을 개축하고, 아름답게 단장하고, 사원 둘레에 정원을 만들고, 그분의 이름을 되풀이해 부르고, 헌신자들에게 음식을 제공하고, 그분의 영광을 멀리 넓게 전하며, 산 주위를 돌고, 앙가프라닥쉬나를 하거나,

혹은 신의 품속에서 휴식을 취하며 움직임 없이 고요히 있다. 이런 헌신자들 가운데 한 사람인 이라이 스와미는 색다른 방법으로 신을 경배하였다. 아루나찰라 산을 도는 걸음마다 그 밑에는 1008개의 링가들이 있다고 믿어지는데, 그는 산을 한 바퀴 도는 동안 한 걸음을 걸을 때마다 아루나찰라의 이름을 1008번씩 암송했다. 긴 시간 동안 이렇게 한 뒤에야 그는 아루나찰라 산을 도는 것을 끝내곤 했으며, 다음 날에는 전날 마친 지점에서 시작하여 1008번씩 이름 부르기를 계속했다. 많은 헌신자들이 이 광경을 보려고 그의 주위에 모였다.

그는 자신을 짐승이라고 부르며, "이 짐승은 이라이(음식)를 찾고 있다. 이 짐승은 전에 음식을 가졌었다."라는 등의 말을 하곤 하였다. 그래서 그는 이라이 스와미라고 알려지게 되었다. 잡담으로 시간을 낭비하는 사람들을 볼 때면 그는 그들을 힐책하며, "시간은 소중하다. 쉬지 않고 신의 이름을 반복하여 부르면 천국에 이를 것이다."라고 말하였다.

헌신자들은 그에게 아발루르페타이로 가 줄 것을 간청하였으며, 그는 그곳에서 신의 연꽃 같은 발에 이를 때까지 아루나찰라를 경배하였다.

사다이치 암마이야르

사다이치 암마이야르의 꿈에 아루나찰라가 나타나서 그녀에게 티루반나말라이로 가라고 분부했다. 그래서 그녀는 읍내의

한 무트에 머물렀다. 그녀는 쉐이바이트 성자 네 분을 경배했으며, 화환을 만들고, 산을 돌며, 평생 아루나찰라의 이름을 암송하였다.

아라가난다 아디갈라르

이 헌신자는 아주 젊은 나이에 속세를 떠났다. 그는 여러 장소에 많은 무트를 세웠다. 그는 쉐이바이트 성자들이 지은, 신에 대한 찬가가 들어 있는 열두 경전(판니루 티루무라이)과 쉐이바 철학을 전파하였다. 그는 서쪽 고푸람 거리에 무트를 세웠는데, 이 무트는 아라가난다 아디갈라르 무트로 알려져 있다. 그는 사람들에게 성자들이 지은 찬가들을 읽으라고 하고는 찬가를 들으며 눈물을 흘렸다고 한다.

구하이 나마쉬바야르

인간의 동요하는 마음을 잠재우는 아루나찰라의 영향력은 물론이고, 가장 높은 경지의 갸니들을 능가하는 아루나찰라의 힘과 영향력을 발견하는 것은 진실로 신비롭고 경외감을 불러일으킨다. 확고함과 아드바이타 체험으로 잘 알려진 갸니들은 아루나찰라에 이끌렸다. 구하이 나마쉬바야르도 그런 사람들 가운데 하나였다. 카르나타카 출신의 15세기 성자인 그는 티루반나말라이에 왔지만, 사원으로 들어가거나 구루에 대한 충심으로 주 아루나찰라에게 엎드려 절하기를 거절하였다. 그러나 안나말라이야르(아루나찰라의 타밀어)는 그를 변화시켜 헌신자로 만들었다. 안나말라이야르에 대한 헌신으로 나타난 그 성자의 기적들은 잘 알려져 있으며 신의 편재를 증명하는 사례들이기도 하다. 어느 날 나마쉬바야르는 죽은 양을 다시 살려 내었다. 이 소식을 들은 몇몇 짓궂은 젊은이들이 그를 시험해 보기로 하였다. 그들은 대나무로 짠 판 위에 건강한 남자를 눕히고서 그에게 죽은 척하라고 시킨 뒤 구하이 나마쉬바야르에게 데려갔다. 그들은 그에게 그 남자를 살려 달라고 애원하였다. 자신의 능력으로 그들의 속임수를 꿰뚫어 본 나마쉬바야르는 화가 나서 그 남자가 정말 죽었다고 선언하였다. 젊은이들은 대나무 판에 누워 있던 남자가 정말로 죽은 것을 알고서 깜짝 놀랐다. 구하이 나마쉬바야르는 너무 화가 나서 타밀어로 벤바(venba)를 지었는데, "이곳 티루반나말라이는 악한 사람들이 사는 곳이다. 여기에서는 반성의 여지도 없이 살인이 계속되고 있으며 불량배들만 살아남는다."라는 내용이었다. 그는 "이곳은 나의 저주로 파괴되리라."라는 말로 벤바를 끝내려고 하였다. 그런데 갑자기 아루나찰라가 그의 목을 붙잡고서 말하였다. "오, 내가 여기에 있는데 네가 어찌 감히 그런 말을 할 수 있다는 말이냐?" 이 말을 들은 구하이 나마쉬바야르는 마지막 구절을 "결코 파괴될 수 없는 곳은 티루반나말라이다."라고 바꾸었다.

구하이 나마쉬바야르는 그의 육체적 존재의 끝이 다가왔음을 깨닫고서 말하였다. "이 몸을 '나'로 여기지 말라. 나는 이 몸이 아니다." 그런 뒤에 그는 자신을 위해 만들어 놓은 사마디(무덤)로 들어갔다.

구하이 나마쉬바야르는 세 편의 시를 지었는데, 두 편은 안나말라이야르에 관한 4행시로서 아루나기리 안다디와 티루 아루나이 타니 벤바이며, 셋째 시는 사라 프라반담이다. 이 시들은 아루나찰라에 대한 그의 지극한 일편단심의 헌신을 보여 주고 있다. 그는 우리에게 조언한다. "이 몸이 나이 들어 쇠약해지기 전에, 눈이 시력을 잃기 전에, 야마가 그대를 데려가기 전에, 오 마음이여, 소나기리(황금의 언덕, 아루나찰라)를 향해 걸어가라. 그분의 은총을 얻기란 쉽지 않다. 신들(브라마와 비슈누)조차도 그분을 볼 수 없었다. 하물며 우리가 그분의 은총을 애타게 갈망하지 않고서도 그 은총을 경험할 수 있겠는가?" 그의 시들은 훌륭한 예술성과 깊은 종교적 열정이 잘 결합되어 있다. 그의 벤바 운율은 매력적인 리듬을 지니고 있으며 자체의 율격이 있다. 일부 시들은 아루나찰레스와라의 초월적인 영광을 열렬한 용어들로 표현하고 있다. 몇몇은 주 아루나기리에 대한 헌신이 결여된 모든 공덕은 무익함을 노래하고 있으며, 다른 시들은 안나말라이야르가 헌신자들에게 부어 주는 다양한 은총을 자세히 표현하고 있다. 그는 티루반나말라이의 신이 영혼의 유일한 안식처이며 인간 구원의 근원임을 보여 주고 있다.

구하이 나마쉬바야르의 뛰어난 두 제자는 비루팍쉬 테바르와 구루 나마쉬바야르였다. 비루팍쉬 테바르는 구하이 나마쉬바야르의 동굴 바로 위에 살았다. 그가 죽자 그의 몸은 자연히 재가 되었다. 약 4세기 후(20세기 초), 비루팍샤 동굴에 머무르고 있던 바가반 슈리 라마나 마하리쉬는 직접 이 재를 가지고 링가의 형태로 만들었다.

구루 나마쉬바야르

구루 나마쉬바야르는 구루에 대한 굳은 충성심으로 스승의 존중을 받았으며 치담바람으로 보내졌다. 구루 나마쉬바야르도 그의 스승처럼 안나말라이 벤바를 지었다. 안나말라이 벤바에 있는 100편의 스탄자(시편)는 아루나찰라에 대한 시인의 헌신을 보여 주고 있다. 첫 스탄자에는 자주 인용되는 구절인 "야니들을 손짓하여 부르는 안나말라이"가 들어 있다.

이 스탄자들에서 구루 나마쉬바야르는 아루나찰라의 영광을 찬양하고, 그분이 어떻게 그를 축복하였는지 또 그분이 얼마나 헌신자들을 사랑하였는지를 묘사하고 있다. 그는 이 산이 헌신자들의 모든 미래의 삶을 바꾸며, 그분의 연꽃 같은 발아래 복종하는 이들의 윤회의 매듭을 잘라 버린다고 말한다. 더 나아가 그는 신 아루나찰라는 무지의 어둠을 제거하며, 사랑하는 자녀들에게 그분의 조티(불) 형상을 드러낸다고 주장한다. 그 산이 현현한 유일한 목적은 묵티(해방)를 주기 위함이다. 신 아루나찰라는 그분의 헌신자들과 유희를 하며 그들의 가슴속에

산다. 아루나찰라의 힘은 쉬바에게 신성한 모든 장소들의 힘보다 크다. 또한 삶과 죽음이라는 질병을 치유하는 약으로서 효능을 지니고 있다. 아루나찰라는 헌신자들의 가슴속에 깊이 들어가서 머리끝부터 발끝까지 그분 자신을 펼친다. 그분은 흔들림 없이 경배하는 자들에게 항상 은총을 내려 준다. 그분은 어머니보다도 더 소중하다.

스승의 시들과 제자들의 시들을 비교 연구해 보면, 구루 나마쉬바야르의 시편들은 아루나찰라에 대한 집중된 헌신을 보여 준다. 그에게는 아루나찰라가 유일한 신이다. 그는 다른 신들의 탄생에 대하여 노래하는 시인들의 시들은 익히 들었지만 아루나찰라가 삶과 죽음의 윤회를 겪는다는 말은 들어보지 못했다고 말한다. 나아가 우리에게 묵티를 주는 영원한 아루나찰리기 있는데 다른 신들을 숭배하는 것이 무슨 소용이 있는가, 하고 묻는다.

아루나기리나타르

성자 아루나기리나타르와 신 무루가(Muruga)는 쉐이비즘과 타밀이 그러하듯 서로 분리될 수 없다. 그는 어릴 때 부모를 잃었고, 티루반나말라이에 살고 있는 누이 밑에서 자랐다. 그는 방종하게 생활하였다. 누이가 그의 행동을 꾸짖자, 그는 기분이 상하여 아루나찰레스와라 사원의 발랄라 마하라자 고푸람 꼭대기에 올라가 떨어져 죽으려고 하였다. 신 무루가가 그를 제지하였으며 또한 영적 지식으로 그를 축복하였다. 아루나기리나타르는 한동안 티루반나말라이에서 신을 명상하며 지냈다. 그 뒤 남인도에 있는 신 무루가의 모든 사원을 방문하며 그분을 경배하고 그분을 찬미하는 시를 지었다. 또 실론에 있는 카르디르가맘을 방문하였을 때는 빌리푸투르 아르와르라고 하는 바이슈나바이트 성자와의 신학 토론에서 이기기도 하였다. 다시 티루반나말라이로 돌아와서는 그를 시기하는 삼반단단을 토론으로 물리쳤다. 또한 프라부다 데바라야 왕을 자이니즘에서 쉐이비즘으로 개종시켰다.

 흑심을 품은 삼반단단은 왕을 부추겨 아루나기리나타르에게 파리자타(parijatha) 꽃을 가져오도록 명령하게 하였다. 명령을 들은 아루나기리나타르는 몸을 떠나 앵무새의 형상을 취한 뒤 파리자타 꽃을 가져오기 위해 천상으로 날아갔다. 그가 돌아오는 사이에 삼반단단은 왕을 설득하여 아루나기리나타르의 몸을 불태우게 하였다. 아루나기리나타르가 앵무새의 형상을 취하여 가져온 파리자타의 향기를 맡고서, 왕은 양심의 가책에 휩싸여 아루나기리나타르에게 용서를 빌었다. 아루나기리나타르는 왕에게 이것은 운명이니 슬퍼하지 말라고 말하였다. 그는 앵무새의 몸을 입고 있었지만 칸다라누부티, 칸다란다디, 그리고 바후푸갈 등 수많은 헌신의 노래들을 지었다. 신 무루가를 찬양하는 유명한 노래들인 티루푸가르에는 아루나찰라를 찬미하는 80여편의 찬가들이 담겨 있다.

베라 바이라기야 무르티 스와미

베라 바이라기야 무르티 스와미는 티루반나말라이 서쪽 파르바타 산 근처에 있는 시난달이라는 마을에 무트를 세웠다. 그리고 거기서 아루나찰라를 향한 깊은 명상에 잠겨 있었다.

티루반나말라이에서 열린 카르티카이 축제 동안, 그는 무슬림 왕이 도살한 소를 살려냈다. 그는 또한 돌로 된 난디(쉬바에게 신성한 소)로 하여금 풀을 뜯어먹도록 하였다. 그 무슬림 왕은 그의 능력을 보고 매우 놀랐으며, 아루나찰레스와라의 영광을 찬양하였다.

티루반나말라이에 와서 이런 기적들을 행할 때, 그는 벌겋게 달아오른 쇠로 만든 샌들을 신고 있었다. 그래서 그의 이름이 베라 바이라기야 무르티가 된 것이다. 바이라기얌은 고행, 견고한 믿음, 엄격한 금욕 생활을 뜻한다.

갸나 프라카사 스와미갈

스리랑카에서 태어난 갸나 프라카사 스와미갈은 타밀나두 주로 건너와 치담바람에서 한동안 머물렀다. 그 뒤 티루반나말라이에 와서는 아루나찰라 산을 돌고, 그분의 이름을 읊고, 그분에 대해 끊임없이 명상을 하는 등 아루나찰라에 헌신하며 여생을 보냈다. 그는 쉬바갸나 시디야르의 쉐이바 철학에 대한 주석을 썼다.

소나찰라 테바르

소나찰라 테바르는 아루나찰라 가까이 살기 위해 티루포루르 마타 아디남이라는 지위를 포기하였다. 그는 하루도 빠짐없이 날마다 산 주위를 돌았으며 마침내 신의 발에 이르렀다.

쉬바 프라카사 스와미갈

쉬바 프라카사 스와미갈은 칸치에 살았던 쿠마라스와미 판다람의 아들로 태어났으며, 아루나찰라의 위대한 헌신자였다. 쉬바 프라카사 스와미갈은 타밀어 문법과 시 작법, 야푸(yappu)와 쉐이바 철학에도 정통하게 되었다. 그는 한동안 티루반나말라이에 머물면서 산을 돌았고, 아루나찰라를 찬미하는 백 편의 노래로 이루어진 유명한 소나사일라 말라이를 지었다. 한 노래에서 그는 말한다. "모든 산들은 집을 지을 나무를 줍니다. 그러나 당신은 우리를 곧바로 (천국의) 집으로 데려갑니다." 다른 노래에서는, "자비로운 아루나찰라는 산의 형상을 취했기에, 그분을 사랑하는 사람들은 아루나찰라 주위 어느 곳에 살든지 그분을 경배할 수 있습니다."고 말한다. 그는 등불 축제 동안 헌신자들이 등불을 들고 산 주위를 도는 것을 아루나찰라에게 바치는 사람의 화환이라고 묘사하였다.

삿구루 스와미갈

케랄라 출신의 이 성자는 북인도와 남인도를 두루 여행하였으며, 히말라야에 있는 케다르나트와 바드리나트에서는 집중적인 명상을 하였다. 그는 마침내 티루반나말라이에 이르렀고, 이곳이 영적으로 훨씬 더 도움이 된다는 것을 발견하였다. 그는 산의 동쪽 비탈에 있는 반얀 나무 동굴에서 살았으며, 그곳에서 아루나찰라의 은총으로 수행을 계속하였다.

팔라니 스와미갈

팔라니 스와미갈은 어린 나이에 출가하였고, 사원과 그곳의 정원을 관리하면서 아루나찰라에 봉사하였다. 그는 읍내에 들어가 탁발을 하였으며, 돈이 생기면 음식과 옷을 사서 아루나찰라의 헌신자들에게 주었다. 다른 도시의 제자들이 그를 초대하면 그곳으로 가서 봉사를 계속하였다. 그는 바가반 라마나에게 처음으로 빅샤(음식)를 제공한 사람이었다.

바드라찰라 스와미갈

성자 바드라찰라 스와미갈은 사람들로부터 아무것도 받지 않았다. 그는 오직 쉽게 구할 수 있는 것이나 사람들이 원하지 않는 것만 먹었다. 그는 사원 바깥에 앉아서 아루나찰라에 대한 명상에 고요히 잠겨 있었다.

슈리 세샤드리 스와미갈

슈리 세샤드리 스와미갈은 1870년에 칸치푸람에서 마라가탐

말과 바라다라잔 부부의 아들로 태어났으며, 부모는 그에게 세샤드리라는 이름을 지어 주었다. 세샤드리가 어렸을 때, 그의 어머니는 아루나찰라를 명상하면서 돌아가셨는데 그에게 "만약 네가 그분만을 생각한다면 그분은 너를 해방시킬 것이다." 라고 말하였다. 이 말은 세샤드리를 아루나찰라에게로 이끌었다.

가족들은 세샤드리에게 드문 영적 자질이 있다는 것을 알아차렸다. 그는 열정적으로 수행을 하였으며 집, 거리, 묘지 등 어디에 있든지 만트라를 계속 암송하였다. 영적으로 진보함에 따라 그는 자신을 망각하기 시작하였다. 가족들은 그가 평범하게 살기를 원하였다. 그러나 세샤드리는 계속 자기의 길을 걸어갔다. 한번은 가족들이 그를 방에 가두고 문을 잠가 버렸다. 나중에 방문을 열어 보니 그가 없었다. 가족들은 그의 위대함을 깨닫고 그가 자신의 길을 가도록 허락하였다.

1889년, 19살이 된 세샤드리는 집을 떠나 많은 장소를 순례하였으며 마침내 아루나찰라에 이르렀다. 그때부터 1929년 마하사마디에 들 때까지 그는 아루나찰라를 떠나지 않았다. 그는 미친 사람처럼, 무엇에 홀린 사람처럼 티루반나말라이 곳곳을 떠돌아다녔다.

라마나와 세샤드리

1896년, 바가반 라마나는 티루반나말라이로 왔다. 그리고 사원의 파탈라 링가 안에서 깊은 사마디에 잠겨 앉아 있었다. 그런데 짓궂은 소년들이 그에게 돌을 던지며 괴롭혔다. 세샤드리는 소년들을 내쫓고 몇몇 헌신자를 보내어 그를 지하실 밖으로 데리고 나오게 하였다. 세샤드리는 영적 구도자들을 라마나에게 보냈다. 그는 때때로 라마나를 살인자라고 부르곤 하였는데, 그것은 라마나가 자아를 파괴하도록 돕는다는 뜻이었다. 라마나가 비루팍샤 동굴에 있을 때, 세샤드리는 한 제자에게 말하였다. "내 봉급은 천 루피밖에 안 된다. 저기에 만 루피를 버는 사람이 있다. 그분에게 가서 10루피라도 얻어 보지 않겠느냐?" 물론 그는 영적인 뜻으로 말하고 있었다.

한번은 세샤드리 스와미가 라마나에게 말하였다. "아루나찰라를 생각하는 사람은 해방을 얻을 걸세." 라마나가 물었다. "누가 생각합니까? 누가 해방을 얻습니까?" 세사드리는 낄낄 웃으며 말하였다. "내가 모르는 게 바로 그것이라네." 어느 날 세샤드리는 라마나 앞에 한동안 앉아 있다가 떠나면서 말하였다. "나는 이분이 무슨 생각을 하는지 도무지 모르겠다." 한 헌신자가 라마나에게, 다들 세샤드리를 미친 사람이라고 한다고 알려 주었다. 라마나는 빙그레 웃으며, 아루나찰라에는 미친 사람이 셋 있다고 대답했다. 첫째는 세샤드리고, 둘째는 아루나찰레스와라고, 셋째는 라마나 자신이라는 것이다.

세샤드리는 헌신자들의 고통을 덜어 주기 위해 많은 기적을 행하였다. 티루벤카다르가 말하듯이, "그들은 유령처럼 떠돌고, 송장처럼 눕고, 자기에게 던져진 음식을 개처럼 먹는다. 그들은 강물처럼 돌아가고, 여자들을 어머니로 생각하고, 모든 이에게 겸손을 가르치며, 어린아이와 같다. 그들은 진리를 안다." 이것은 세샤드리를 적절하게 묘사한 말이다.

1929년, 그가 신의 발밑에 이른 날, 바가반 라마나는 세샤드리의 사마디가 만들어지고 그의 성스러운 몸이 매장되는 것을 지켜보았다.

6
아루나찰레스와라 사원

아루나찰라에 헌정된 사원은 세 개다. 하나는 물론 동쪽에 있는 대사원이며, 다른 하나는 서쪽에 있는 아디 안나말라이 사원, 셋째는 아이얀쿨람 기슭에 있는 아루나기리나타르 사원이다.

아디 안나말라이 사원은 비교적 작고, 아이얀쿨람 기슭에 있는 사원은 이보다 더 작다. 그러나 아루나찰라에 헌정된 이 사원들은 나름의 매력과 아름다움을 지니고 있다. 우리는 아루나찰라 산의 동쪽에 있는 아루나찰레스와라 대사원부터 소개하고자 한다.

동쪽 고푸람(탑)을 통하여 아루나찰레스와라 사원에 들어가면, 사원의 신성한 기운에 동조되고 사원에 스며들어 있는 영적인 힘을 느낄 수 있다. 이 고푸람들은 아루나찰라를 눈부신

언어로 칭송하는 테바람과 티루바차캄을 통해 아루나찰라의 위대함을 알게 된 고대의 왕들이 아루나찰라에게 헌정하기 위해 지은 것이다. 사원의 프라카람(마당)들을 둘러싸고 있는 담들 안쪽으로는 다양한 신들을 모신 성소들, 행렬용 수레들이 보관된 홀들, 저수지들, 정원들, 그리고 눈부신 링가인 아루나찰라에 헌정된 지성소가 있다. 옛날의 현자들과 신앙심 깊은 헌신자들에게는 그것은 단순히 물질적인 대상이 아니라, 모든 곳에 있으며 모든 곳에 스며 있는 영이다. 그 영은 그들을 끌어 당겼고, 지금도 끌어당기고 있으며, 앞으로도 계속해서 무수히 많은 사람들을 끌어당길 것이다. 토끼와 자칼을 위해서는 굴이 있고, 새를 위해서는 둥지가 있으며, 구도자를 위해서는 아루나찰라의 동굴들과 그분의 사원이 있다.

사원을 간략히 묘사하는 것도 도움이 될 것이다. 사원은 여섯 프라카람으로 나뉘어 있다. 여섯째 프라카람의 북쪽과 남쪽 담들의 길이는 각각 1,479피트와 1,590피트에 달하며(약 450미터와 486미터), 이 프라카람의 동쪽과 서쪽 담들의 길이는 각각 700피트(약 200미터)에 달한다. 이 벽들을 돌아보면, 벽들이 9미터 정도의 높이에 매우 두껍고 튼튼하게 지어졌다는 것을 알 수 있다. 그러나 이 벽들 위에 새겨진 문구들은 연속성이 없다고 한다. 아마도 이 돌들을 각기 다른 장소들에서 가져왔기 때문일 것이다. 벽들은 네 개의 주요 고푸람들과 연결되어 있다.

사원에는 네 개의 바깥 고푸람이 있다. 이 고푸람들의 토대

| 슈리 아루나찰레스와라 대사원 |

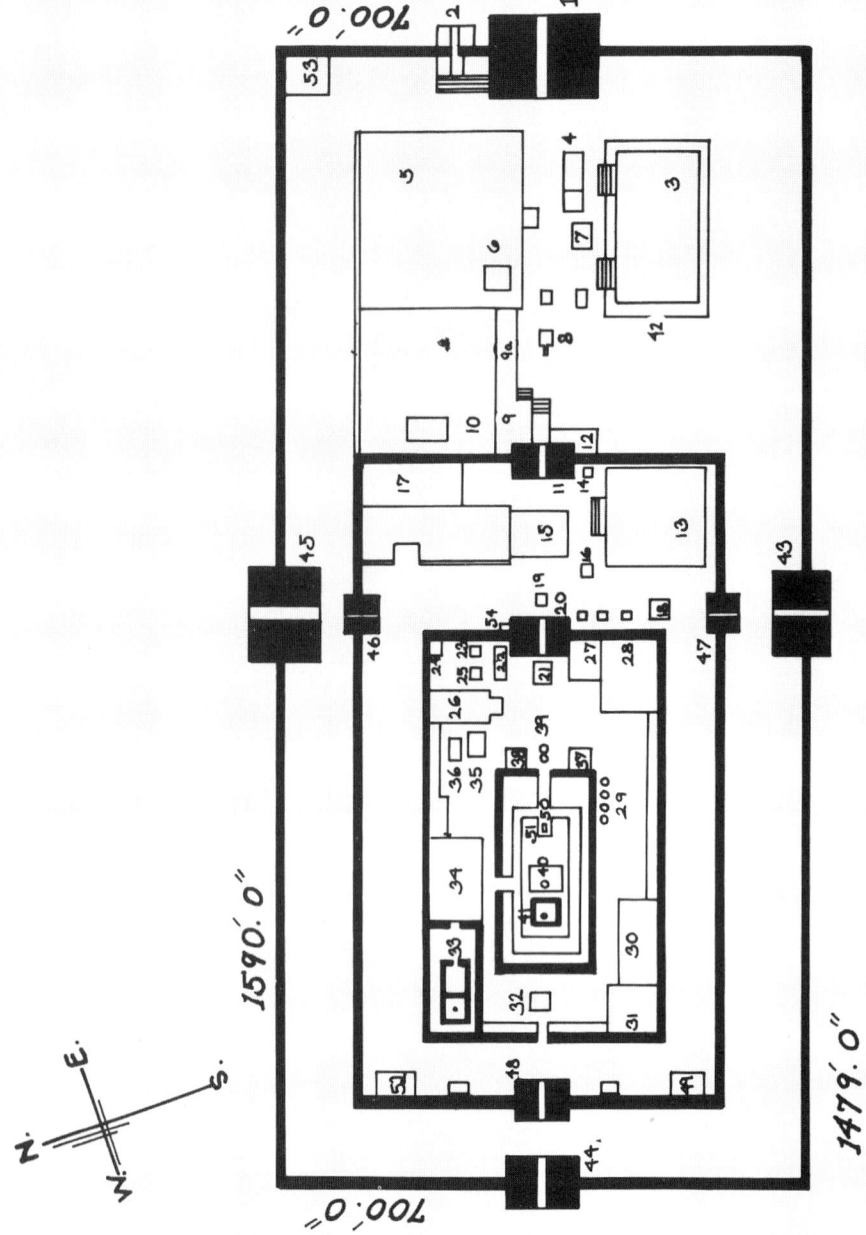

대사원의 평면도

1. 동쪽 고푸람 - 217 파트, 11층
2. 치트라만타팜과 티티바살
3. 바산타 쿨람 혹은 쉬바강가 저수지
4. 캄바투 - 일라야나르
5. 천 개의 기둥이 있는 만타팜
6. 파탈라 링감
7. 가네샤 성소 - 사르바 시디 비나야카
8. 첫 번째 난디 - 페리야 난디: 데바라야
9. 고푸람 수브라마니아 성소
9a. 수레 보관소
10. 정원 및 바나나 숲
11. 발랄라 고푸람
12. 수다레스와라 성소
13. 페루말 타타캄 혹은 브라마 티르탐
14. 바이라바 성소 - 칼라 바이라바
15. 페루말 만타팜 혹은 푸라비
16. 마니 만타팜
17. 도서관
18. 브라마 링감
19. 두 번째 난디 - 비라 발랄라
20. 킬리 고푸람
21. 디파 달샤나 망가이야르카라시가 지은 만타팜
22. 에캄바레스와라 성소
23. 잠부케스와라 성소
24. 치담바레스와라 성소
25. 피디리
26. 데바스타나 사무소 - 바산타 만타팜
27. 데바스타나 창고
28. 파카살라이
29. 스탈라 브릭샤 - 바쿨라 나무
30. 칼야나 만타팜
31. 마카라산크란티 만타팜
32. 아루나기리 요기에 헌정된 자리
33. 암만 코빌 - 아피타쿠잠발
34. 암만 코빌 앞에 있는 만타팜. 바디야 만타팜
35. 야가 살라이
36. 칼라티스와라 성소
37. 가네샤 성소 - 삼반다 비나야카
38. 수브라마니아 성소
39. 드와자스탐바와 세 번째 난디
40. 마하만타팜 - 첫 번째 난디 - 프라도샤 난디
41. 가르바 그라 - 아루나찰레스와라
42. 일루파이 나무
43. 티루만자나 고푸람 - (남쪽)
44. 페이 고푸람 - (서쪽)
45. 암마이 암말 고푸람 - (북쪽)
46. 카타이 고푸람
47. 카타이 고푸람
48. 카타이 고푸람
49. 아마바스야 만타팜
50. 드와자스탐바 앞에 있는 네 번째 난디
51. 마하만타팜 주위에 있는 좌대
52. 카르티케야 만타팜
53. 물라 만디람
54. 피차이 일라야나르

는 비자야나가르의 크리슈나 데바라야가 닦았다. 사실, 그는 사원의 건축에 지대한 공헌을 하였다. 동쪽 탑문인 라자 고푸람은 그가 건축하였는데, 남인도에 있는 고푸람 가운데 가장 크고 높다. 그는 또한 동쪽 출입구 옆 북편에 천 개의 기둥으로 된 만타팜(기둥이 있는 홀)을 건축하였다. 남쪽에는 그가 파 놓은 쉬바강가 티르탐이라는 저수지가 있다. 이 저수지 물은 처음에는 '티루말라이 암만 데비 사무드람'이라는 운하에서 끌어왔다. 쉬바강가 티르탐 저수지 옆에는 수브라마니아에게 헌정된 사원과 발라이카푸 만타팜이라고 불리는 홀이 있는데, 이 만타팜에서는 매년 팔찌 등으로 여신을 장식하는 축제가 열린다. 수브라마니아 사원에는 신 수브라마니아가 아루나기리나타르 성자에게 달샨을 준 기둥이 있다. 무루가 신을 위한 축제들이 이곳에서 열린다.

 이곳을 지나면 파탈라 링감이 있는 지하실로 가게 된다. 파탈라 링감은 천 개의 기둥으로 된 홀을 지을 자리에 있었지만, 시다의 사마디 장소이기 때문에 훼손하지 않고 남겨 두었다. 그 사마디는 홀을 짓기 이전부터 있었다. 그래서 천 개의 기둥으로 된 홀의 별관으로 여겨진다. 천 개의 기둥 홀이 있는 사원들 가운데 어느 곳도 이런 별관은 없다. 예전에 찍은 사진을 보면 파탈라 링감은 원래 덤불과 진흙으로 뒤덮여 있었는데, 1949년에 가서야 보수되었다. 흥미롭게도, 천 개의 기둥으로 된 홀이 있는 자리는 어느 다른 공동체에 속해 있었던 것인데,

이 공동체는 500파운드의 금화를 받고 크리슈나 데바라야에게 이 땅을 팔았다.

홀 기둥들의 위쪽과 아래쪽에는 비슈누의 여러 화신들, 여러 현자들, 신들과 꽃무늬들이 나야카 양식으로 조각되어 있다. 단 위에는 그 시대의 전쟁 영웅들이 행한 다양한 전투 경기와 훈련 모습들이 묘사되어 있다. 타밀력 아니 달(6월 15일~7월 15일)과 마르갈리 달(12월 15~1월 15일)에는 신 나타라자를 홀 안에 모시는 의식이 치러진다. 푸자와 아비셰캄을 성대히 치른 뒤, 화려하게 장식된 개방형 가마에 신을 모시고 사원 주변의 거리를 행진한다.

천 개의 기둥으로 된 홀은 북쪽과 남쪽은 각 395피트이고 동쪽과 서쪽은 각 275피트이다. 옛날에는 일반적으로 사원들은, 특히 천 개의 기둥으로 된 홀과 깊은 홀들은 명상을 위한 장소뿐 아니라, 마을이 자연재해를 입을 때마다 주민들의 피신처로도 이용되었다. 파탈라 링감은 바가반 라마나의 역사에 관해 알고 있는 순례자들이 잠시 동안 고요히 명상을 하기에 아주 좋은 장소이다.

파탈라 링감 다음으로 우리는 행렬용 수레를 보관하는 방을 보게 된다. 이 방에 인접하여 수브라마니야 스와미 사원의 고푸람이 있다. 이 사원은 고푸라투 일라야나르 사원이라고도 알려져 있다. 아루나기리나타르는 잘못을 뉘우치며 스스로 목숨을 끊으려고 고푸람의 꼭대기에서 뛰어내렸으나 수브라마니야

신이 바로 이 지점에서 구해 주었다. 이 일을 기념하기 위해 쉬바강가 티르탐 옆에 사원이 지어졌다. 티르탐의 북쪽 기슭에는 가네샤 신을 위한 사원이 있는데, 이 사원은 사르바 시디 비나야카 사원 혹은 쉬바강가 가네샤 성소라고도 한다.

동쪽 고푸람에서 걸어가다 보면 사원 안의 두 번째 고푸람에 이르게 된다. 이것은 호이살라 왕조의 왕 발랄라 3세가 지은 발랄라 마하라자 고푸람이다. 그 위에 있는 대형 난디(페리야 난디)와 만타팜도 이 왕이 지은 것으로 보인다. 발랄라 고푸람의 남쪽에는 칼야나 순다라르 산나디가 자리하고 있다. 이 건물은 쉬바를 모신 작은 성소로서 꽃밭과 만타팜이 딸려 있다.

계단을 오르고 발랄라 고푸람을 지나면 넷째 프라카람이 나오며, 우리는 푸라비(馬) 만타팜이라고도 불리는 백 개의 기둥으로 된 만타팜에 들어가게 된다. 프라카람의 왼쪽 즉 남쪽에는 브라마 티르탐이라는 저수지가 있다. 이 저수지 옆에는 사원의 수호천사로 여겨지는, 루드라의 현현인 칼라 바이라바의 사원이 있다. 여기에는 작은 사원들이 자리하고 있다. 앞으로 더 걸어가서 계단을 올라가면 셋째 프라카람의 입구인 킬리 고푸람이 있다. 입구에는 디파 달샤나 만타팜이라 불리는 16개의 기둥으로 된 만타팜이 있다. 그곳에 안치된 성상들은 산 위에 성스러운 봉홧불이 켜져 있을 때 그곳에서 마주보도록 위치하고 있다.

이 만타팜 앞에는 깃대, 신의 탈 것인 난디, 그리고 제물을 바치는 제단이 있다. 남쪽에는 마다팔리(부엌)가 있고, 부엌을 따라 프라카람들 여기저기에 여러 목적으로 쓰이는 방들이 많이 있다. 남서쪽 모퉁이에는 결혼 홀(칼야나 만타팜)이라고 불리는 거대한 홀이 있는데, 디팜 축제 기간에는 이곳에 아루나찰라와 다른 신들이 안치된다. 뒤쪽에는, 즉 셋째 프라카람의 서쪽에는 아루나기리 요기를 위한 만타팜이 있다. 디파 달샤나 만타팜의 북쪽에는 작은 쉬바 성소들이 여럿 있는데, 지금은 여기에 데바스타나 사무실이 있다. 사무실 근처에는 마을을 수호하는 여신인 피다리 암만을 모신 성소가 있다. 14일 동안 치러지는 디팜 축제의 둘째 날은 피다리 암만을 달래기 위해 이 여신에게 바쳐진다.

둘째 프라카람의 입구 양쪽에는 삼반다 비나야카르와 팔라니 안다바르가 서 있다. 동쪽 맨 바깥 입구부터 걸어 들어가며 각각의 고푸람 혹은 프라카람을 지나다 보면, 입구의 왼쪽에는 비나야카 성소가 있고 오른쪽에는 카르티케야 성소가 있는 것을 볼 수 있다. 둘째 프라카람으로 들어가는 입구 앞에는 드와자스탐바(깃대)가 서 있는데, 10일 동안 열리는 우타라야나, 닥쉬나야나, 그리고 카르티카이 디팜 축제의 시작을 알리는 깃발이 여기에 내걸린다. 여신 운나물라이 암만의 사원에 있는 드와자스탐바에 올려지는 깃발은 아디 푸람 축제가 시작되었음을 표시한다. 악샤라마나말라이에는 바가반 라마나의 다음과 같은 시구가 있다. "헌신자들의 가슴속에 깃발을 올리시고 당신은 그들(그들의 자아)을 죽이십니다. 어찌 그들과 함께 살 수 있겠습니까, 오, 아루나찰라여!" 라마나 스투티 판차캄(라마나에 바치는 다섯 편의 시)에도 비슷한 시구가 있다. "그분께 헌신적으로 경배하는 사람들의 마음속에 그분의 깃발을 올리시고, 그분은 그들에게 갸나(진정한 지식)를 줌으로써 해방의 진정한 해안을 보여 주십니다." 그래서 드와자(깃발)는 아주 중요한 의미를 가지고 있다. 카르티카이 디팜 드와자아로하남(깃발 게양식)에는 수천 명의 사람들이 참가한다.

우리는 이제 둘째 프라카람에 들어간다. 두 개의 거대한 문이 있는 입구를 지나면 양쪽에 두 개의 큰 종이 보인다. 이 종들의 소리는 깊게 울려 퍼진다. 아라티 시간에 울리는 종소리는 몇 마일 밖에서도 들을 수 있다. 특히 산 위 동굴 속에 살고 있는 사람들에게는 깊은 감명을 준다. 프라카람을 걷다 보면 수많은 성상들을 발견하게 된다. 산 둘레의 주요 지점에 있는 아슈타 링가들이 있듯이 여기에도 브라마의 네 아들을 상징하는 아슈타 링가들이 있으며, 63명 쉐이바이트 성자들의 동상, 안나말라이야르와 운나물라이 암만, 베누고팔라스와미, 락슈미, 가네샤, 무루가, 삽타칸야스, 빅샤타나, 바이라바, 나타라자 등 축제에 쓰이는 성상들이 있다. 축제 기간에는 이 성상들을 모시고 행진을 한다. 여기에는 또한 팔리야라이가 있는데, 이것은 신과 여신의 쇼바나 룸(침실)으로 쓰이는 작은 방이다. 팔리야라이 옆에는 우물이 있다. 푸자를 할 때는 이 우물의 물을 사용한다.

첫째 프라카람을 둘러싸고 있는 담에는 오목하게 파인 벽감이 있는데 여기에는 뱀, 루드락샤 화환, 불과 책으로 장식된 닥쉬나무르티 성상이 모셔져 있다. 그는 유명한 친무드라 자세로 반얀 나무 아래에 앉아서 브라마의 네 아들에게 영원한 침묵 속에서 존재의 진리를 가르치고 있다. 닥쉬나무르티는 갸나를 전하는 삿구루(진정한 스승) 계보의 첫째 구루이다. 서쪽 담에 있는 링고트바바는 불의 기둥으로 나타나 있는 쉬바 신의 성상이다. 한쪽에는 수퇘지의 형상을 한 비슈누가 있는데 땅을 파고 있는 것처럼 보이고, 반면 백조의 형상을 한 브라마는 날고 있는 것으로 표현되는 대신 횃대에 앉아 있는 것으로 묘사되어 있다. 북쪽 담에는 두르가의 성상과 몇몇 마귀들의 상이 있는데, 마귀들은 이 건축물을 지키고 있는 것처럼 보인다. 지성소 바깥에는 두 홀이 있다. 바깥쪽 홀에는 프라도샤(Pradosha) 난디가 안치되어 있다. 음력으로 한 달에 두 번(보름달 이틀 전과 초승달 이틀 전) 있는 상서로운 때인 프라도샤 기간에는 난디를 위하여 아비셰캄을 행하는데, 여기에서 이 이름이 유래되었다.

지성소

이제 스스로 창조된 링가(스와얌부), 신 아루나찰라의 지성소로 가 보자. 이 링가는 가장 아름답고 매혹적인 링가 가운데 하나이다. 신 아루나찰레스와라는 둥근 아부다야르(단) 위에 모셔져 있다. 아부다야르와 만나는 링가의 밑 부분은 금띠로 둘러싸여 있다. 이 링가는 다섯 원소와 관련된 다섯 링가들 가운데 하나이며, 테조 링가 혹은 아그니 링가로서 다섯 원소의 중심에 놓여 있다. 여러 세기 동안 이 링가에 아비셰캄을 행하고 백단향 반죽을 바른 까닭에 이 지점의 링가는 다른 부분과 달라 보인다. 브라마, 비슈누, 샥티에 부여한 몫들이 모두 아루나찰레스와라 안에 있으므로 이 신들을 따로 경배하거나 따로 종교의식을 치를 필요가 없다. 아루나찰라를 경배하는 사람은 힌두의 모든 신들을 경배하는 것이 된다. 지성소의 바깥에는 아르다 만타팜이 있다.

아루나찰라의 신성한 나무는 마길라 나무라고 잘못 알고 있는 사람들이 있다. 사실은 반얀 나무가 아루나찰라의 신성한 나무이며, 아루나기리 요기는 산 위의 반얀 나무 아래에 앉아서 남쪽을 바라보고 있다. 사원의 북편 다섯째 프라카람에 반얀 나무가 한 그루 있었는데 몇 년 전에 시들어 죽어 그 자리에 어린 반얀 나무를 심었다. 반얀 나무의 뿌리는 땅 속 깊이 뚫고 들어가 건물에 영향을 줄 수 있으므로 남쪽 편의 셋째 프라카람에는 뿌리가 깊고 멀리 뻗지 않는 마길라 나무를 심어 놓았다.

동쪽에서 서쪽으로 산을 관통하는 터널이 있다. 이 터널의 한쪽 입구는 둘째 프라카람의 북동쪽에 있는 사원 안의 견고한 방에 있다. 터널의 반대쪽 입구는 산의 서쪽에 있는 아디 안나말라이 사원의 구내에 있다. 이 터널로 가면 여러 요기와 시다들이 아루나찰라와 합일의 희열에 잠겨 있는 산 속의 동굴들로 갈 수 있다고 한다. 바가반 라마나는 아디 안나말라이 사원에 있는 입구가 막혔다고 말했는데, 이는 아마도 입문하지 않았거나 호기심 많은 사람들이 터널로 들어가지 못하도록 막기 위함일 것이다.

이 사원은 황제들과 왕들, 왕조들, 족장들이 아루나찰라에 바친 헌신과 감사의 장엄한 기념물로서 여기에 서 있다. 사원과 티루반나말라이의 역사에 대해서는 뒤에서 얘기할 것이다.

7
아루나찰라의 의미

앞에서 우리는 성인이나 학자, 평범한 사람들이 어떻게 아루나찰라를 숭배했는지를 보았다. 또 숭배의 방식도 숭배자들만큼이나 다양하다는 것도 보았다. 그러므로 아루나찰라에게 한 가지 영적 개념만을 부여할 수는 없다. 우리에게는 '구루-시샤'라는 개념, 주인과 하인이라는 개념이 있는데, 헌신자는 주인을 대하듯 그분을 대하며, 영원한 하인처럼 자신을 그분에게 충성스럽게 바친다. 또한 신부와 신랑이라는 개념, 즉 '나야키-나야카'라는 개념도 있다.

인간 마음의 타고난 경향성들, 그리고 마음이 어떻게 특정한 형상에 집착하며 스스로 선택한 방식에 따라 숭배하는지를 알고 있던 고대인들은 영적, 종교적 실천 방법을 일곱 가지 유형, 즉 아그니, 바루나, 루드라, 비슈누, 두르가, 아디티야, 브라마의 숭배로 구분하였다. 그것들은 결국 아트마 비차라(참나 탐구) 수행, 즉 형상이 없는 브라만을 자신으로 여기는 동일시 수행에서 절정을 이룬다. 많은 사람들을 매료시킨 신앙인 불교와 자이나교의 출현으로, 현자들은 종교적인 숭배의 개념을 단순하게 정리했으며 숭배의 방식도 세 가지로, 즉 쉬바, 샥티, 비슈누에 대한 숭배로 줄였다. 다른 모든 숭배 방식들은 이 셋 가운데 하나에 속하게 되었다.

그러나 형상이 없는 브라만이라는 개념과 브라만으로 융합되는 데 필요한 사다나(수행)라는 개념은 영적 생활의 가장 중요한 측면으로서 계속 유지되었다. 게다가 샥티(두르가 또는 파르바티)와 비슈누의 속성을 자세히 살펴보면, 샥티와 비슈누(힌두 종교의 남매와 같다)가 같은 측면과 특성을 가지고 있으며 단지 모습만 다를 뿐임을 알게 된다. 즉 동일한 하나의 신성한 힘의 남성 모습이 비슈누이고, 여성 모습이 샥티인 것이다. 샥티는 어머니로서 피조물의 보호자이며, 비슈누도 피조물의 보호자이다. 둘 다 형태와 힘을 지고의 신 아루나찰라 쉬바에게서 얻는다.

그래서 샥타(샥티의 추종자)이든 바이슈나바이트(비슈누의 추종자)이든 모두 아루나찰라 쉬바를 숭배한다. 무지한 숭배자들은 이러한 사실을 모른다. 그러나 성실하고 열렬하게 수행한 샥타들과 바이슈나바이트들은 영적 혹은 헌신적 직관을 통해 아루나찰라에게 이끌렸으며, 그분 안에서 그들이 선택한 신을 보았다.

　베다와 샤스트라(지혜서)들은 많은 신호 및 상징들과 그 의미에 대하여 언급하고 있다. 샥티와 관계된 슈리 차크라의 상징은 매우 신비로운 힘을 가지고 있다. 안나말라이야르와 티루반나말라이 그 자체는 자연적으로 슈리 차크라의 형상을 하고 있다. 이 점을 지적하고자 학자이자 헌신자인 카브야칸타 가나파티 무니는 아디 샹카라의 시들을 인용하였다. 바가반 슈리 마하리쉬도 그 점을 인정하였다. 또 비슈누가 지니고 있는 상징물로 수다르사나 디스크가 있는데, 이것은 영적·세속적 에너지의 집중을 뜻한다. 기이하게도 비슈누 추종자들은 안나말라이야르를 수다르사나 기리(Sudarsana giri)로 숭배해 왔다. 신들에게 속한다고 여겨지는 상징과 기호들로 신들을 숭배할 때는 큰 주의와 책임이 필요하다. 숭배를 할 때 육체나 마음으로 사소한 실수를 범하거나 조금만 이탈해도 길을 잃을 수 있다. 그러나 샥티 혹은 비슈누를 진지하게 숭배하는 구도자는, 물질적이거나 미묘한 측면 둘 다에서 완전함의 구현인 아루나찰라에게 꾸준히 이끌리며, 안전하고 확실하게 영원의 세계로 인도를 받는다.

　다른 종파에 속한 사람들도 아루나찰라에 매력을 느꼈으며, 그들이 속한 특정 종파에서 정한 사다나를 행하였다. 그래서 아루나찰라 주위에는 수피 성자들의 무덤, 자이나교와 기독교의 수도원들이 산재해 있다. 열렬한 종교적 구도자들이 처음

세운 이 건물들은 오늘날의 추종자들에게도 여전히 영감의 원천이 되고 있다. 비록 모두가 전임자들의 영감을 갖고 있지는 않을지라도, 여전히 많은 이들은 아루나찰라가 고요히 인도하는 봉홧불임을 발견한다. 이것은 요기들에게도 마찬가지다. 요가에 수많은 분파들이 있다는 것은 잘 알려져 있다. 바가바드 기타는 박티 요가, 카르마 요가, 갸나 요가 등을 기술하고 있다. 앞에서 언급한 수행들 중 어느 것을 따르든지 아루나찰라의 품속에 들어온 구도자는 자신의 관점이 바뀌는 것을 발견한다. 아루나찰라는 구도자가 마음의 타고난 경향성에 따라 자신이 선택한 수행을 따르도록 허용하며 그를 돕는다. 구도자는 요가의 특정 체계가 정한 행위든 스승이 가르친 것이든 원하는 대로 수행을 한다. 그러나 그가 꾸준히 진정으로 진보할 때, 아루나찰리는 서서히 그를 그분 자신에게 향하게 한다.

마침내 사다카와 사다나, 즉 구도자와 구도 행위는 존재하기를 그치고 남아 있는 것은 오직 영원한 아루나찰라뿐이다. 이것을 비유로 설명할 수 있다. 인도에는 인도 땅 곳곳을 흐르는 강가(갠지스 강), 브라마푸트라, 고다바리, 카베리 등 유명한 강들이 있다. 이들 강 유역에서는 제국들이 일어나고 멸망하고, 도시들이 지어지고 파괴되고, 전쟁에 이기고 지고, 위대한 문명들이 번성하고 소멸하였다. 이 강들은 이 모든 중대한 사건들에 영감을 준 원천이었고, 일부는 역사에 기록되었으나 나머지는 완전히 잊혀졌다. 그러나 마침내 모든 강들은 바다로 흘러들어 합쳐지며, 거기에서 강들은 개별적 정체성을 잃고 모두 하나의 드넓은 물이 된다. 여기에서는 어느 문명도 일어난 적이 없으며, 여기에 대한 역사도 쓰인 적이 없다. 역사적인 사건들이 일어난 것은 오직 강 유역뿐이었다. 그러나 큰 강들과 작고 보잘것없는 시내들은 바다와 하나로 합쳐지며, 그곳에서는 더 이상 소동이 없다.

사람들은 강가의 물과 카베리 강의 물을 구분할 수 없다. 마찬가지로 모든 영적·종교적 수행 체계는 우주의 신 아루나찰라에서 떨어져 있으면 개별적 특성을 지니지만, 일단 구도자가 아루나찰라에게 이끌리면 수행들은 그치고 아루나찰라와 합쳐진다. 이 결합 안에는 샥타도 없고, 바이슈나바이트도 없고, 쉐이바이트도 없고, 산야신도 없고, 요기도 없다. 모두가 무한히 드넓은 지식으로 융합된다. 마음이 소멸되면 모든 체계와 수행들이 소멸된다. 따라서 우리는 지고한 참나 안에 거주해야 한다. 참나 안에서는

상상이 없으며,

탐구하는 자도 없으며

어떤 우주도 출현하지 않으며

어떤 우주도 존재하지 않으며

어떤 우주도 그것과 하나 되지 않으며

아루나찰라 외에는 아무것도 없으며

모든 형태의 명상들이 하나가 되며
모든 형태의 요가 수행들이 사라지며
모든 형태의 무지가 소멸되며
갸나조차 소멸된다.

아루나찰라의 개념은 우파니샤드의 위대한 네 가지 마하바키야, 즉 아함 브라마스미, 탓트밤 아시 등에 들어 있다. 아루나찰라는 '아+루나+아찰라'로 나뉠 수 있는데, 이는 카르마의 파괴자라는 뜻이다. 루나(RUNA)는 원래 산스크리트로 상처를 뜻한다. 비유적으로는 카르마를 뜻한다. 덧붙여, 아루나찰라의 세 마디 가운데 첫째 마디인 아(A)는 참나를 의미한다. 둘째 마디인 루나(RUNA)는 지바(jiva)를 가리킨다. 셋째 마디인 아찰라(ACHALA)는 참나와 지바의 합일을 의미한다.

네 베다의 네 가지 마하바키야, 즉 아야마트마 브라맘, 아함 브라마스미, 탓트밤아시 그리고 타드갸남 브라마는 각각 세 음절로 나뉠 수 있는데, 각각 지바, 참나 그리고 이 둘의 결합을 뜻한다. 심지어 발음상으로도 아루나찰라의 이름 안에 있는 각 음절들은 위대한 마하바키야들을 나타낸다. 간단히 말하면, 아루나찰라는 생각과 말의 너머에 있다.

8

아루나찰라의 모습들

해발 2,668피트의 아루나찰라 산은 서쪽에서 동쪽으로 펼쳐져 있다. 산은 비록 작기는 하지만, 봉우리들과 사이사이 비탈들이 들쭉날쭉하게 솟은 작은 봉우리들로 나뉘어 있어 일정하지 않으며 특정한 모양을 이루고 있지도 않다.

티루반나말라이 읍으로 들어가는 길은 아홉 개가 있다. 이 길들 가운데 어느 길을 택하든 읍을 향해 가다 보면 10에서 15마일쯤 전부터 아루나찰라 산이 보이기 시작하는데, 맑은 날에는 더 멀리에서도 보인다. 이미 티루반나말라이에 가 본 적이 있는 여행자는 티루반나말라이로 다가갈 때 아루나찰라의 모습이 나타나기를 설레는 마음으로 기다리며 창밖에 눈길을 고정하게 된다. 아루나찰라에 대해 읽고서 처음 찾아오는 사람들은 첫 대면을 애타게 기다린다. 읍내로 들어오면서 본 산의 첫 모습과 떠나면서 마지막으로 눈에 담아 둔 모습은 아루나찰라에 대한 가장 감명 깊은 인상일 것이다. 그러나 티루반나말라이에 오래 머물며 자주 산을 돌고 산의 다양한 모습들을 경험한 사람이라도 멀리서 아루나찰라를 처음 달샨(대면)한 경험은 결코 잊을 수 없을 것이다. 대개 깊이 감동하여 눈물을 흘리고 두 손을 모으고 고요히 기도하며, 아무도 모르게, 순례자는 자신을 그분의 품속으로 이끌어 준 데 대해 감사하며 아루나찰라를 경배한다. 아루나찰라 곁을 떠나 멀어질 때, 헌신자는 계속 산을 향해 뒤돌아보며 그 장엄한 물질적 현존으로부터 억지로 자신을 떼어 낸다. 거리가 더 멀어지면 아루나찰라는 부드러운 표정으로 달콤한 이별을 고한다. 사랑하는 산에 대한 깊은 인상은 헌신자의 마음에 새겨지며, 그 현존은 가슴속에 영원히 간직된다.

　아루나찰라 산은 아침에는 한 모습이었다가 저녁에는 다른 모습이 되고 밤에는 또 다른 모습이 된다. 겨울, 여름, 가을, 봄에도 같은 모습이 아니다. 그 모습은 보는 사람에 따라 다르게 보인다. 같은 사람에게도 시간에 따라 달리 보인다. 동쪽에서 보이는 모습은 남쪽, 북쪽, 서쪽에서 보이는 모습과 다르며, 그 반대 방향으로도 마찬가지다. 가까이에서 볼 때와 멀리서 볼 때도 그분은 각각 다르게 자신을 드러낸다. 또 별빛 아래에 있을 때, 달 밝은 밤, 밝은 대낮, 흐린 날, 비가 내리는 날, 바람 부는 날, 안개가 자욱한 날에도 그분은 다르게 보인다. 아루나찰라가 보는 사람들의 마음속에 새기는 그분의 모습과 감정들은 보는 사람들만큼이나 무수히 많고 다양하다.

아루나찰라가 보여 주는 모든 모습들 가운데 가장 빼어난 모습은 멀리서 보이는 모습들이다. 읍내로 들어오는 길에 따라 아루나찰라는 각기 다른 모습으로 보이지만, 그들 각각의 모습은 잊혀지지 않는 아름다움의 독특한 일면을 나타낸다.

히말라야나 알프스, 또는 다른 산들을 가 본 사람들은 아루나찰라 산에는 다른 모든 산들을 능가하는 숭고함과 위엄이 있다고 말한다. 폴 브런튼(Paul Brunton)이 아루나찰라에 대해 묘사한 글과 앤 마셜이 그녀의 책 『인도의 구루를 찾아서(Search for a Guru in India)』에 기록한 인상들은 아루나찰라의 아름다움을 감동적으로 표현하고 있다.

폴 브런튼은 다음과 같이 쓰고 있다.

"나는 문가에 서서 성화(聖火)의 산을 바라본다. 아루나찰라, 성스러운 붉은 산, 마을 사람들은 이 산을 이렇게 부른다. 이 산은 내 모든 존재의 다채로운 배경이 되었다. 무엇을 하고 있든, 밥을 먹고 있든, 길을 걷고 있든, 얘기를 하거나 명상을 하고 있든 나는 항상 눈을 들게 되고, 그러면 거기에는 능성이가 완만한 산이 기이한 모습으로 눈앞에서 혹은 창문 너머에서 나를 마주하고 있다. 이곳에서는 피할 수 없는 모습일지도 모른다. 하지만 그 산이 내게 던지는 이 기이한 주문은 더욱더 피할 수가 없다. 나는 이 기묘하고 홀로 있는 봉우리가 내게 마법을

건 것일까, 하고 궁금해 하기 시작한다. 이제껏 훨씬 더 매혹적인 다른 산들을 보았다는 사실에도 불구하고, 홀로 떨어져 있는 이 산은 나를 강하게 사로잡고 있다. 붉은 빛의 둥근 돌들이 여기저기 뭉쳐져 흩어져 있고 태양 아래 희미한 불처럼 붉게 빛나는 이 바위투성이 대자연의 일부는 강한 개성을 지니고 있는데, 이 개성은 뚜렷한 외경심을 불러일으키며 또한 감화를 불러일으킨다."

―『신비의 나라 인도에서의 구도(A Search in Secret India)』 중에서

이제 아루나찰라가 여러 주요 지점에서 어떻게 보이는지를 살펴보자. 북쪽 부분은 가장 길고 서쪽 면은 가장 좁으며, 남쪽과 동쪽 부분은 크기가 비슷하다.

동쪽 지역

동쪽 부분은 비교적 완만하다. 읍내에 면해 있는 동쪽 면의 남쪽 부분에는 동굴들이 많은데, 이 동굴들은 아루나찰라가 산의 형태를 취할 때부터 있었으며, 예로부터 진지한 구도자들이 이 동굴들 속에서 엄격한 고행을 하며 사다나를 행하여 왔다.

전설에 따르면 이 산에는 거대한 반얀 나무가 있고 그 아래에 아루나기리 요기(시다 푸루샤 형태로 있는 아루나찰라)가 영원히 거주하고 있다고 하는데, 이 나무는 동쪽 비탈에 있는 것으로 추정된다. 아루나기리 요기에 다가가면 누구든지 무지가 파

괴된다고, 푸라나들은 말한다. 1940년대에 진지한 헌신자들이 이 반얀 나무를 찾으려 시도했으나 실패하였으며, 슈리 바가반은 더 이상 반얀 나무나 아루나기리 요기를 찾으려 하지 말라고 경고하였다. 아루나찰라 산과 바가반 라마나는 구도자들을 천천히, 꾸준하게, 안전하게 해방의 기슭으로 안내하기 위하여 늘 거기에 있다. 동쪽 비탈에는 또한 거북이 바위가 있는데, 이 거대한 타원형 바위는 긴 지름이 40피트 이상이고 짧은 지름은 약 30피트이며, 거북 모양의 작고 둥근 돌들이 떠받치고 있다고 해서 그런 이름이 붙었다. 바가반의 헌신자들에게 이곳은 신성한 장소이다. 1900년대 초엽, 바가반이 두 번째 죽음을 체험한 장소가 이곳이기 때문이다. 이 사건에 대해 자세히 알고 싶은 독자는 슈리 나라심하 스와미와 아서 오스본이 쓴 바가반의 훌륭한 전기들을 참고하면 된다. 스칸다스라맘이 있는 곳도 이 지역인데, 이곳은 바가반이 7년가량 머문 곳이며 어머니에게 해방을 준 곳이기도 하다. 스칸다스라맘의 기원은 다음과 같다.

 칸단이라는 이름의 한 석공이 작은 동굴을 이용하여 바가반과 그의 헌신자들이 거주할 장소를 만들었다. 그는 거의 모든 일을 혼자서 해냈으며, 이 아쉬람을 완성하기까지 약 12년이 걸렸다. 바가반은 아쉬람을 칸단에게 헌정해야 한다고 주장하였고, 그래서 스칸다스라맘(Skandasramam)이라는 이름이 붙여지게 되었다.

비루팍샤와 다른 동굴들

이 동굴의 이름은 15세기에 이곳에서 살았던 성인 비루팍샤로부터 따왔다. 당시 브라마나 스와미로 불리던 젊은 라마나는 1899년에 이곳으로 거처를 옮겼고 거의 16년 동안 머묾으로써 이 동굴을 축복하였다. 여기에서 진지한 진리의 구도자들은 마치 쇳조각이 자석에, 벌이 꽃에 이끌리듯 그에게로 이끌렸다. 비루팍샤와 스칸다스라맘은 라마나의 현존과 영광스러운 과거의 숭고한 기억들로 진동하고 있다. 사실, 라마나는 지금은 반얀 나무 동굴로 알려져 있는 삿구루 스와미 동굴, 그리고 자다 스와미 동굴, 구하이 나마쉬바야르 사원, 반나티 동굴 등에도 머물렀으며, 그의 현존으로 이곳들을 축복하였다.

일곱 개의 샘

우기(雨期)에는 이곳에 작은 샘들이 생긴다. 이 샘들 가까이에는 작은 동굴들이 있는데, 이 동굴들은 겨울과 여름에 휴식을 취하기에 아주 좋은 장소이다.

울퉁불퉁한 길이 산 정상까지 휘감아 돌고 있으며, 이 길은 사원의 뒤쪽에서 시작하여 비루팍샤 동굴을 지나 물라이팔 티르탐과 일곱 개의 샘들을 지나며, 사람들은 산 정상에서 디팜을 점화하는 데 쓰이는 큰 솥을 이 길을 따라 꼭대기까지 나른다. 빗물은 스칸다스라맘 위의 계곡에서 모여 스칸다스라맘 근처에서 폭포가 되어 쏟아지고 시내가 되어 비루팍샤 동굴을 지나 평야로 흘러간다.

남쪽 지역

　아루나찰라의 남쪽 면은 북쪽 면보다 좁은데, 앞서 말하였듯이 북쪽 면이 가장 길고 가장 높다. 남쪽 면의 동쪽 끝에는 봉우리들이 층을 이루면서 가운데가 움푹 꺼져 계곡을 이루고 있어, 이곳에 많은 비가 내리면 산 위에 장엄한 폭포가 드러난다. 중간 부분은 온갖 종류의 나무들로 숲을 이루고 있다. 남쪽 끝에도 역시 스칸다스라맘으로 통하는 길이 있는데, 이 길은 새로 심긴 어린 나무들 사이로 구불구불 나 있다. 라마나스라맘 뒤로 보이는 산비탈은 기분을 유쾌하게 한다. 이곳은 삼사십 년 전에는 불모지였지만 지금은 푸른 나무들로 무성하게 덮여 있다.

　라마나스라맘을 방문하는 사람들과 이곳에 거주하는 사람들의 마음에 새겨지는 산에 대한 인상은 대개 아쉬람에서 바라보는 아루나찰라의 풍경이다. 이곳에서 바라보면 세 개의 연속되는 긴 습곡들이 보이는데, 습곡 하나가 다른 것보다 높이 솟아 있다. 바가반의 사원 앞에 서서 아루나찰라를 바라보면, 4원소로 치장한 아루나찰라의 다양한 모습들, 즉 눈부신 태양빛이나 구름, 안개, 부슬부슬 내리는 비로 치장한 모습, 혹은 무지개를 쓰고 있는 모습, 비 내리는 산비탈에 번쩍거리는 번개를 동반한 뇌우가 밝히는 모습을 보고서 전율하게 된다.

한때는 동남쪽 면에서 남서쪽 면까지 빽빽한 숲이 있었지만, 지금은 마을 사람들이 지붕을 잇기 위해 사용하는 레몬 풀로 덮여 있다. 그러나 아직도 어느 정도의 숲은 남아 있으며, 이 숲은 팔라코투 즉 라마나스라맘의 서쪽에서 시작하여 남서쪽 지역, 그리고 북쪽까지 뻗어 있다. 산의 남서쪽 면에 있는 습곡들은 계단처럼 융기되어 있는데, 그래서 메루(슈리 차크라의 형태로 샥티를 상징적으로 나타내는 전형적인 무늬)처럼 보인다. 아마 이런 이유로 인해 샥티 파의 추종자들인 샥타들도 이 산을 숭배하는 모양이다.

서쪽 지역

서쪽 지역은 아루나찰라에서 가장 좁은 면이다. 서쪽 지역은 두 부분으로 나뉘는데, 바깥 부분이 주요한 부분인 안쪽 부분을 완전히 덮고 있다. 이것은 보잘것없는 자아가 참나를 가리고 있음을 상징하는 것으로 풀이되고 있다. 앞으로 계속 걸어가면서 뒤를 돌아보면, 바깥 부분은 점점 작아지다가 나중에는 시야에서 완전히 사라지고 아루나찰라의 거대한 북쪽 부분이 장엄한 모습으로 우뚝 솟아 있다.

북쪽 지역

북쪽 비탈은 사람이 살지 않으며, 가끔 나무꾼들과 주기적으로 풀을 베러 오는 사람들 외에는 아무도 들어오지 않는 곳이다. 이곳에서는 몇몇 희귀한 허브들이 아직도 발견된다. 이 북쪽 지역은 가장 넓은 지역이며, 남쪽이나 동쪽 비탈과 달리 습곡이 없다. 그러나 북쪽 면에는 다섯 봉우리들이 있는데, 안쪽 프라닥쉬나 길에서 보면, 봉우리들은 넓은 간격을 두고 떨어져 있으며 뚜렷하게 돋보인다. 바깥 길에서 보면 이들은 좀 더 가까워 보이고, 서쪽 끝의 마지막 봉우리는 분명하게 알아볼 수 없을 정도로 아주 작다. 이 북쪽 부분에는 폭포들도 있는데, 이 폭포들은 아래로 흘러내려 저수지를 채운다.

아루나찰라의 봉우리들과 윤곽선은 다양한 모양과 형태를 취한다. 바이슈나바이트들은 이 산을 수다르사나의 화신으로 본다고 한다. 그래서 '수다르사나 기리'라는 용어는 바이슈나바이트들이 이 산을 가리키는 말이다. 수다르사나는 비슈누의 에너지가 집결된 것으로 여겨지기도 한다. 샥티와 비슈누처럼 슈리 차크라와 수다르사나는 앞에서 본 바와 같이 동일한 힘의 두 가지 다른 모습이다. 아그니 링감 앞에서 보면, 산의 정상은 회교 사원의 탑처럼 보인다. 어떤 곳에서는 카일라사 산처럼 보이기도 한다. 앞서 말했듯이 아루나찰라는 전체 힌두 신들, 그리고 다른 종교의 신들까지 상징하고 있다.

9

아루나찰라: 숭고한 신비

신성한 도시 티루반나말라이와 그곳의 사원, 아쉬람, 무트들은 숭고한 신비를 지니고 있는데, 이것이 이 도시의 진정한 위대함이다. 그곳은 지고의 존재가 거주하는 곳이며, 현자들과 참나를 깨달은 존재들이 땅 위를 걷는 곳이다.

이 거룩한 도시의 30마일 이내에 살고 있는 사람들은 어떤 노력도 없이 해방을 얻는다. 이것은 바가반 라마나 그 자신에 의해 증명되었다. 아루나찰라 푸라나에 따르면, 이 지역은 마하 만달람으로 알려져 있으며, 티루반나말라이로부터 20마일 정도의 거리에 네 방향으로 각각 티루코일루르, 첸감, 폴루르, 진지라는 읍이 있다. 푸라나들은 네 주요 지점을 다스리는 신들인 인드라 신과 다른 신들이 아루나찰라를 경배하기 위하여 이 네 방향에 산의 형태를 취해 있다고 말한다.

약 60년 전에는 라마나스라맘에 오후 6시 이후 여자가 머무는 것을 금지하는 규칙이 있었다. 영국인 여성 수자타 센은 이 규칙에 항의하기 위하여 산 정상에 올라가서 밤을 지새웠다. 슬퍼하며 아루나찰라에게 도와줄 것을 간청하던 그녀는 신비한 힘에 이끌려 산의 내부로 부드럽게 인도되었다. 나중에 그녀는 산 안에서 온 우주를 보았다고 말하였다. 사람들은 그 당시에 그녀의 말을 믿지 않았다. 1970년에는 탄돈이라는 헌신자가 산 정상으로 가서 밤새 머물렀다. 그 역시 산 안으로 들어가서 경이로운 광경들을 많이 보았다고 얘기하였다. 그의 말들은 수자타 센의 경험을 뒷받침해 주었다. 다른 사람들도 비슷한 경험을 하였다.

슈리 라마의 열렬한 헌신자인 순다레사 아이어는 그의 생일에 바가반 라마나에게 슈리 라마의 달샨을 갖게 해 달라고 요청했다. 그는 2시간 동안 시타, 바라타, 락슈마나, 샤트루그나, 하누만을 동반한 슈리 라마의 눈부신 모습을 보았다. 그가 바가반에게 감사하며 절하자, 라마나는 아요디야가 어디에 있는지 아느냐고 묻고서, 베다들에 따르면, 그곳은 태양계 안에 있으며 여덟 모서리와 아홉 길이 있고 신들이 이곳에 거주한다고 설명하였다. 바가반은 아루나찰라 역시 모서리가 여덟이고 길이 아홉이며, 아루나찰라가 바로 라마이며 닥쉬나무르티이고 다른 모든 신들이라고 말하였다. 라마와 아요디야를 보기 위해 태양계로 갈 필요는 없다. 달샨은 여기 아루나찰라에서 가질 수 있다. 또 다른 때에 그 헌신자가 브라마 로카(브라마의 거주지)를 보기 원하자, 라마나는 아루나찰라가 바로 브라마 로카라고 말하였다.

헌신자들은 아루나찰라에서 기이한 경험들을 하였다. 산의 서쪽 기슭에 있는 아디 안나말라이 사원의 벽에 귀를 대고 있으면 베다를 암송하는 소리를 들을 수 있다고 한다.

산을 돌다가 시다와 리쉬들을 본 사람들이 적지 않다. 한번은 베다 판디트(베다 학자)들이 무리 지어 기리프라닥쉬나를 하며 사마 베다를 암송하고 있었다. 그러다가 갑자기 길가에 호랑이들이 서 있는 것을 보았다. 공포에 사로잡힌 그들은 마치 동상처럼 서 있었다. 잠시 후 호랑이들은 근처의 숲으로 물러갔다. 판디트들은 충격에서 벗어나 다시 베다를 암송하며 프라닥쉬나를 하였다. 나중에 그들은 라마나에게 이 일을 얘기했다. 라마나는 그 호랑이들은 베다 암송을 간절히 듣기 위해 찾아온 시다 푸루샤들이므로 멈추지 말고 두려움 없이 계속해야 한다고 말하였다. 아마 호랑이들은 실망하여 숲으로 돌아갔을 것이라고 덧붙였다. 어느 때에는 산을 돌던 헌신자들이 바잔(신을 기리는 노래)을 합창하는 소리를 들었는데, 그들이 걸음을 멈추고 뒤를 돌아보았을 때는 아무도 보이지 않았고 노랫소리도 들리지 않았다. 그들이 다시 걷기 시작하자 음악이 다시 시작되었다. 바가반 라마나는 시다들이 밝게 빛나는 영체들로, 즉 밝은 빛기둥으로 산을 돌고 있는 것을 보았다고 말한 적이 있다.

심지어 이성적이고 잘 균형 잡힌 헌신자들조차 아루나찰라를 도는 동안 수백 명의 리쉬들이 야가(yaga)를 행하는 모습을 보았으며, 이 광경은 두세 시간 동안 지속되었다고 말하였다.

어느 날 밤 한 헌신자가 라마나와 함께 산을 오르는 중에 나막신 소리를 들었다. 그가 두려워하는 것을 본 라마나는 그도 그 소리를 들었느냐고 물었다. 특히 밤에 산을 돌다 보면, 아루나찰라의 힘과 진리에 대해 인식하게 되는 놀라운 경험을 하는 경우가 많다. 구름 한 점 없는 조용한 밤에는 아루나찰라가 먼 행성들, 멀리 떨어진 은하계들, 수십억 광년이나 멀리 있는 세계들에까지 고요 속에서 힘을 발하고 그들로부터 고요히 경배받는 것을 느낄 수 있을 것이다. 이러한 경험은 이기적 존재를 넘어서 신성한 참의식과 하나 되는 데 도움이 된다.

산비탈에서 자라는 약초들은 배고픔을 채워 주고, 갈증을 해소하고, 병을 치료하고, 죽은 사람을 소생시키며, 금속을 금으로 변화시키는 힘이 있는 것으로 여겨진다. 그러나 어떤 동기를 지닌 사람들에게는 이 약초가 보이지 않을 것이며 가장 헌신적인 사람에게만 발견될 수 있다. 이 약초들의 향을 실어 나르는 산들바람은 산 둘레를 걷는 헌신자들에게 이로움을 줄 것이다.

산 둘레를 도는 사람들은 과거에 지은 죄의 결과에서 해방된다. 위험은 그들을 찾아오지 않는다. 헌신자들은 정기적으로 산을 돈다. 많은 사람들은 날마다 산을 돈다. 진실로 아루나찰라는 사랑하는 어머니가 자녀를 돌보듯이 사랑하는 헌신자들을 보호한다.

아루나찰라의 이름은 경이롭다. 그분이 행하시는 일들은 경이롭다. 아루나찰라가 헌신자들을 그분에게로 은밀하게 끌어당겨 하나 되게 하는 방식은 경이롭다. 아루나찰라는 영원한 경이로움과 신비이다.

아루나찰라의 중심부에 있는 동굴들

아루나찰라에는 많은 동굴들이 있다. 두세 개의 바위로 만들어져 겨우 한 사람만이 있을 수 있는 작은 동굴들이 있는가 하면, 거대한 바위들로 만들어져 여러 사람이 편안하게 지낼 수 있는 큰 동굴들도 있다. 그러나 작은 동굴이라도 비와 추위와 더위를 피하기에는 문제가 없다. 어떤 동굴들은 한 사람만 기어 들어갈 수 있을 정도로 입구가 좁지만, 일단 들어가면 동굴 안은 넓다. 사람들이 찾을 수 없는 신비한 동굴들도 있다. 성스러운 아루나찰라 산 내부에는 드넓은 공간들이 있는데, 거기에는 진귀한 풍경들이 있다. 오솔길과 정원과 폭포들이 있다. 푸라나들에도 그렇게 쓰여 있다. 바가반과 다른 요기들도 그 기록을 확인해 주고 있다. 이와 같은 신비한 동굴들 안에서는 이 놀라운 풍경들을 볼 수 있으며, 또한 아루나찰라의 풍성한 은총을 먹고 마시는 것으로 만족하며 세상을 잊고서 깊은 사마디에 잠겨 있는 시다들도 볼 수 있다.

10
기리프라닥쉬나

아디 샹카라가 아루나찰라에게 붙여 준 1,008개의 이름들 가운데 '기리프라닥쉬나프리야'라는 이름이 있는데, 이 이름은 기리프라닥쉬나를 사랑하는 신이라는 뜻이다. 어느 마하쉬바라트리 날 아침, 한 아루나찰라 헌신자는 지성소에서 사제가 사하스라마나 아르차나(Sahasramana archana)를 행하면서 '옴 기리프라닥쉬나프리야야 나마하'를 큰 소리로 암송하는 소리를 듣고서 전율을 느꼈는데, 그 헌신자가 막 기리프라닥쉬나를 마친 뒤에 사원에 들어갔기에 특히 더 그러했을 것이다. 신 아루나찰라는 이 산을 너무나 사랑하는 까닭에 부인 우마(파르바티의 다른 이름)와 함께 해마다 두 번씩 이 산을 돈다.

기리프라닥쉬나의 중요성은 푸라나들과 성인들의 노래, 그리고 바가반 라마나 헌신자들의 편지와 회상에서도 지적되고 있다. 우리는 슈리 나감마의 책 『슈리 라마나스라맘에서 온 편지들』에서 기리프라닥쉬나에 대한 흥미로운 통찰을 얻는다. 한 헌신자가 슈리 라마나에게 물었다. "여기에 있는 몇몇 사람들은 산을 자주 돕니다. 무슨 대단한 이점이 있습니까?" 그러자 바가반은 다음 이야기를 들려주었다.

"암바는 타파스를 하고 있었는데, 아마 카르티카이 별의 날에 밤이 4분의 1 가량 지났을 때 산을 돌았던 것 같다. 디팜(신성한 봉홧불)을 달샨(본)한 그녀는 즉시 쉬바 신 안으로 흡수되었다."

바가반은 한 헌신자에게 다음과 같이 말하였다.

"기리프라닥쉬나의 위대함은 아루나찰라 푸라나에 상세히 설명되어 있다. 이 산을 도는 것은 좋은 일이다. '프라닥쉬나'라는 말은 대단히 정확한 뜻을 지니고 있다. '프라'(pra)라는 글자는 모든 죄를 없앤다는 뜻이며, '다'(da)는 욕망을 채워 준다는 뜻이다. '크쉬'(kshi)라는 음절은 미래의 탄생을 면하게 한다는 뜻이며, '나'(na)는 참지식을 통해 구원한다는 뜻이다."

바가반 슈리 라마나 마하리쉬에 관한 첫 전기인 『참나 깨달음(Self-Realization)』을 쓴 나라심하 스와미는 이 책에서 다음과 같이 적고 있다. "젊은 나이로 티루반나말라이에 온 해부터 1926년까지, 마하리쉬는 산을 도는 프라닥쉬나를 해마다 여러 번 하였다." 비록 바가반 라마나는 프라닥쉬나를 함으로써 얻을 것이 아무것도 없었지만, 헌신자들에게 대대로 본보기가 되고 또 프라닥쉬나의 중요성을 각인시키기 위하여 그렇게 하였다. 이전에는 현자들, 그리고 티루반나말라이나 주변에 살고 있던 마을 사람들만 기리프라닥쉬나를 하였다. 언젠가 바가반의 오랜 헌신자 한 명은 바가반이 아루나찰라에 온 뒤에야 비로소 많은 사람들이 프라닥쉬나의 중요성을 알게 되었다고 말한 적이 있다.

바가반 라마나의 대단한 헌신자인 무루가나르가 한번은 아루나찰라 산을 돌면 어떤 영적 이로움이 있는지 설명해 달라고 바가반에게 요청한 적이 있었다. 바가반은 그에게 먼저 산을 돌고 난 후에 자신에게 오라고 하였다. 슈리 무루가나르는 그의 충고에 따라 산을 돌았다. 나중에 그는 바가반에게 와서 말하기를, 프라닥쉬나를 하다가 곧 신체 의식을 잃었으며 아디안나말라이 사원에 이른 뒤에야 신체 의식을 되찾았다고 하였다. 그는 그 경험이 예기치 않게 찾아왔으며 특별했다고 덧붙였다. 슈리 바가반은 미소를 지으며, "이제 이해하겠는가?" 하고 되물었다.

슈리 라마나 마하리쉬의 헌신자이자 의사인 사두 브라마니암은 다음과 같이 쓰고 있다.

"초기 방문 기간인 어느 날 나는 친구들과 함께 기리프라닥쉬나를 하였다. 아쉬람에 다시 돌아왔을 때는 발바닥에 물집이 생겨 절뚝거리며 홀에 들어갔다. 바가반은 내게 절뚝거리는 이유를 묻고는 몇 분 동안 따뜻한 물에 발을 담그라고 말하였다.

그리고 다음 날도 그 다음 날도 프라닥쉬나를 하라고 말하였다. 나는 그렇게 했다. 발은 더 이상 문제가 없었다."

바가반의 한 헌신자가 기리프라닥쉬나는 초보자들에게나 중요할 뿐 진보한 수행자들에게는 중요하지 않다고 생각하자, 바가반은 연민에 싸여 그 헌신자에게 생각을 바꾸어 산을 돌아보라고 하였다. 그것은 그의 수행에 큰 도움이 되었다. 한번은 규칙적으로 산을 돌고 있던 한 사두가 바가반에게 베단타 책을 부탁하였다. 그러자 헌신자 가운데 한 사람이 무심코 "산을 돌기만 하는 사람이 베탄타 책으로 뭘 하려는가." 하고 중얼거렸다. 바가반이 즉시 반박했다. "이 산을 도는 것보다 더 나은 수행이 무엇이겠는가?" 이처럼 슈리 라마나가 기리프라닥쉬나를 얼마나 중요하게 여겼는지를 입증하는 일화들이 무수히 많으며, 여기에 언급한 것은 그 가운데 몇 가지 예에 지나지 않는다.

힌두 신화에도 이 산을 도는 것의 중요성이 설명되어 있다. 현자 가우타마의 충고에 따라 쉬바 신의 아내인 파르바티가 아루나찰라를 숭배하였다는 이야기가 있다. 그녀는 자신의 염원을 이루기 위하여 동료들과 함께 매일 산을 돌았다. 그녀는 아루나찰라 신을 숭배하였으며 온 마음을 그분에게 다 바쳤다. 그녀는 이와 같이 참회를 계속하였다. 마침내 그녀는 아루나찰라에 흡수되었다.

다른 이야기에 의하면, 현자들의 왕인 두르바사는 천상의 존재들인 두 비디야다라를 저주하였다. 그들은 두르바사에게 자

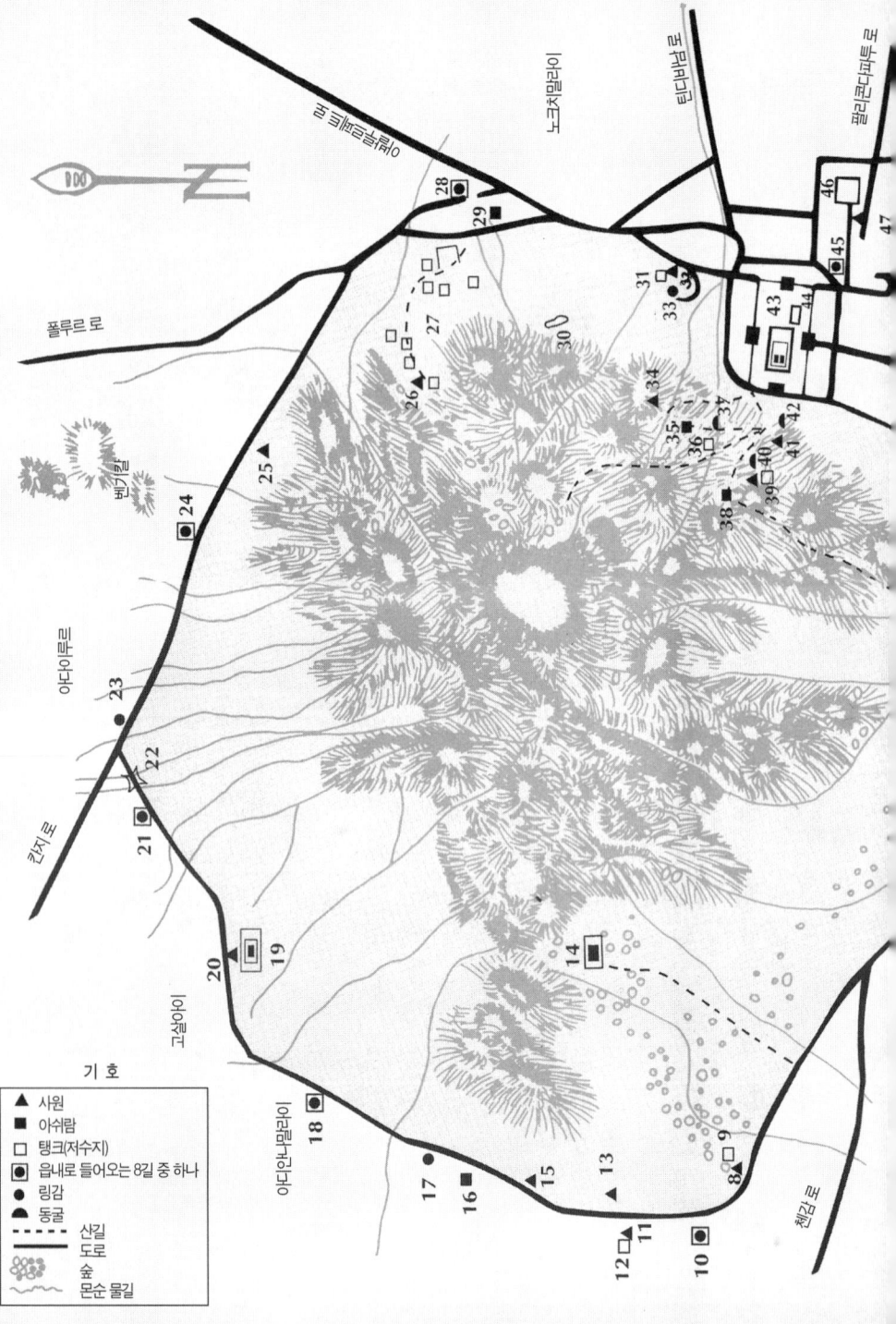

| 기리프라닥쉬나 |

기리프라닥쉬나

1. 라마나스라맘
2. 팔리 티르탐
3. 가네샤 사원
4. 아가스티야 티르탐(팔라코투에 있는 저수지)
5. 팔라코투
6. 두루파디 사원
7. 야마 링감(남쪽 방향)
8. 가네샤 성소
9. 소마 티르탐
10. 니루디 링감(남서쪽 방향)
11. 운나말라이 암만 성소
12. 운나말라이 티르탐
13. 하누만 성소
14. 시다스리맘 혹은 카투 쉬바
15. 베다파리 만타팜(에코 사원)
16. 가우탐 아쉬람
17. 수리야 링감
18. 바루나 링감(서쪽 방향)
19. 아디 안나말라이 사원
20. 마니카바차카라 사원
21. 바유 링감(서북쪽 방향)
22. 바가반의 다리
23. 찬드리 링감
24. 쿠베라 링감(북쪽 방향)
25. 판차묵카 성소
26. 판차이암만 성소
27. 성소로 가는 아홉 탱크들
28. 에산야 링감(동북쪽 방향)
29. 에산야 무트
30. 거북 바위
31. 카드가 티르탐
32. 두르가이암만 사원
33. 수나이 링감
34. 파발라쿤루 사원(산호 빛 언덕)
35. 자다스와미 사원
36. 물라이팔 티르탐
37. 망고 나무 동굴
38. 스칸다스리맘
39. 파다 티르탐과 사원
40. 비루팍샤 동굴
41. 구하이 니미쉬비야 사원
42. 알라마리투 동굴
43. 아루나찰레스와라 사원
44. 쉬바 강가 탱크
45. 인드라 링감 (동쪽 방향)
46 아얀쿨람 탱크
47. 아루나기리나타르 사원
48. 구루무르탐
49. 망고 숲
50. 아그니 링감 (동남쪽 방향)
51. 세샤드리 스와미 아쉬람
52. 닥쉬나무르티 성소

비를 베풀어 그들의 죄를 용서하고 또 저주를 거두어 달라고 간청하였다. 그러자 두르바사는 "아루나찰라 산을 도는 것 말고는 그 어떤 행위로도 저주를 풀 수 없다."고 분명히 말하였다. 그리고 데바들과 다른 존재들이 다 모인 자리에서 쉬바가 선언한 말을 들려주었다. "나의 모습인 아루나찰라 산을 헌신적으로 도는 사람은 나와 같은 모습을 얻는다. 그는 온 세계의 주인이 되며 가장 높은 상태에 이른다." 그는 또 바지랑가다 왕에게 조언을 하였다. 왕은 말을 타고 기리프라닥쉬나를 했는데, 왕의 말이 해방을 얻었다. 자신의 말이 쉽게 해방에 이른 것을 본 왕은 말을 타고 산을 돈 것이 큰 잘못임을 깨닫고서 몹시 괴로워하였다. 천상의 존재들인 두 비디야다라가 왕 앞에 나타나서 말하였다. "아루나찰라의 신은 연민으로 가득 찬 분이며 그분의 영광은 위대합니다. 괴로움에서 놓여나려면 맨발로 아루나찰라 산을 도십시오." 왕은 그들의 충고를 마음에 새기고서 엄청난 열의와 헌신으로 산을 돌아 해방을 얻었다.

기리프라닥쉬나의 길

산을 도는 세 길이 있다. 안쪽 길과 가운뎃길, 바깥쪽 길이 그것들이다. 안쪽 길은 라마나스라맘 뒤편에서 시작하여 서쪽으로 산을 끼고 돌아 파발라쿤루까지 뻗어 있다. 안쪽 길은 산을 휘감고 돌게 되어 있다. 이곳을 따라 걸으면 자동차와 사람들의 소음을 피할 수 있다. 그러나 이 길은 부분적으로 울퉁불퉁하고 날카로운 돌과 가시들이 흩어져 있으며, 해를 끼치지 않고 지나가기는 하지만 간혹 뱀들이 나타나기도 한다. 산에는 많은 뱀들이 있지만, 프라닥쉬나를 하다가 뱀에 물려 다쳤다고 보고된 경우는 아직 없다. 안쪽 길을 따라 몇몇 저수지와 호수가 있지만, 대부분의 호수와 저수지는 바깥쪽 길을 따라 있다. 안쪽 길에서는 산의 모습을 쉽고 선명하게 볼 수 있다. 그러나 멀리 떨어질수록 산의 전체 모습이 더 잘 보인다. 안쪽 길보다는 바깥쪽 길에서 볼 때 산의 형태와 윤곽을 더 잘 감상할 수 있다. 물론 안쪽 길을 걷다 보면 산의 위엄과 힘을 가까이에서 경험할 수 있다. 자연스럽게 가슴을 감싸는 고요는 가히 압도적이다. 비가 올 때 안쪽 길은 놀라우리만치 아름답다. 주위는 온통 초록빛으로 뒤덮여 있고 고요하다. 수많은 작은 시내들이 산에서 흘러내려 길과 만나며, 물은 맛이 좋아 마시기 좋고 원기를 북돋운다. 다채로운 색깔로 치장하고 지저귀는 진귀한 새들은 이른 아침의 대기를 감미로운 노래로 가득 채운다. 무성히 자란 야생 수풀들과 희귀한 나무들을 가슴에 많이 품고 있는 밀림은 풍경의 처녀성에 이바지한다. 공기는 순수하며 신비적이다. 온 대기는 마음과 가슴을 평화와 평온으로 가득 채운다.

안쪽 길

안쪽 길로 가는 프라닥쉬나는 슈리 라마나스라맘의 뒷문에서 시작한다. 그늘지고 호젓한 사두들의 거처 팔라코투를 지나면 넓은 공터로 나오게 되는데, 갑자기 눈앞에 나타나는 아루나찰라의 장엄한 현존은 경외심을 불러일으킨다. 좀 더 걸어가면, 바위에 붉은색과 흰색으로 굵게 표시된 이정표들이 나타나 순례자들을 바른 길로 안내하기 시작한다. 길은 곳에 따라 좁아지기도 하고 오르막과 내리막들도 있지만, 걷는 사람의 기분을 유쾌하게 한다. 오른쪽으로는 산 정상에서 두 봉우리들이 나타나기 시작하면서 독특한 파노라마가 펼쳐진다. 아루나찰라의 장려한 풍경 안에서 잠시 휴식을 취하고 물을 마시기 위해 걸음을 멈추면 시간도 가만히 멈춘다. 다시 걷기 시작하면, 우리의 눈길은 서서히 산 정상에서 아래의 낮은 산으로 옮겨간다. 그러나 아루나찰라는 우리의 가슴속에 뚜렷이 새겨진다. 더 걸어가면 넓은 바위가 나타난다. 잠시 쉬기에 안성맞춤인 곳이다.

계속 나아가면 작은 암자가 나오는데, 지금은 허물어져 폐허가 되었다. 한때 카투 쉬바가 이곳에 거주하였다. 태양이 뜨거운 날에는 여기에서 쉬어 갈 수 있다. 이곳에는 근사한 저수지가 있다. 여기부터는 오솔길이 오른쪽으로 굽어지며, 무성하게 우거진 나무 그늘 밑을 걷게 된다. 이윽고 순례자는 칸나파 나야나르 사원을 만나게 된다. 이 작은 사원은 바가반의 헌신자들이 새롭게 단장하였으며, 지금은 명상을 위한 장소로 사용된다. 사원 옆을 지나 북쪽으로 가다 보면, 길이 오른쪽으로 급하게 꺾어져 동쪽으로 나아가게 된다. 몇 분쯤 더 가면 호숫가를 따라 걷게 되는데, 이 호수는 우기에만 물이 고인다. 비가 올 때나 비 온 뒤에 이 길을 걸으면 작은 시내와 개울들을 만나게 된다. 이 개울들은 많은 저수지들, 특히 남서쪽에 있는 저수지들에 물을 공급한다. 호수를 지나면 길은 북쪽을 향하여 곧장 뻗어 있으며 울퉁불퉁한 지대로 바뀐다. 이 구간의 길은 가장 험하며 판차묵캄까지 연결되어 있다. 이 길을 따라가다 보면 다섯 봉우리들이 차츰 나타나기 시작한다.

이 다섯 봉우리는 신의 다섯 얼굴인 사트요자탐, 바마데밤, 타트푸루샴, 에사남과 아고람을 상징한다. 해가 뜨거나 질 때 판차묵캄 근처에서 바라보면, 특히 겨울에는, 햇살이 엷은 안개를 뚫고 산봉우리들을 돋보이게 비춘다. 그러면 빛과 그림자가 교차하며 무늬들을 이루고 산의 윤곽을 두드러지게 하여 초월적인 아름다움을 느끼게 한다. 연속되는 봉우리들은 빛을 나누어 띠처럼 꼬리를 끌게 한다. 흩어지는 빛은 다시 나타나 신의 위엄과 찬란함을 그분의 모든 영광으로 펼쳐 보인다.

판차묵캄을 지나면 읍내의 변두리로 들어오게 되며, 여기서부터는 읍내의 뒷길로 가게 된다. 판차묵캄과 파치암만 사원 사이에 집들이 많지는 않다. 그러나 파치암만 사원을 지나면 뒷길을 통해 걸을 수도 있고 산기슭으로 올라가서 계속 나아갈 수도 있다. 이곳은 산의 동쪽 면인데, 울퉁불퉁한 이 길을 따라 걸으면, 바가반이 1912년에 두 번째 죽음을 체험하였던 거북바위 아마이파라이와 무라이팔 티르탐을 지나 비루팍샤 동굴에 닿을 수 있다. 파치암만 사원에서 비루팍샤 동굴까지 가다 보면 세 개의 시내를 건너게 된다. 이 구간을 산길로 가는 사람이 신의 축복을 족히 받는다면 위대한 북부 반얀 나무로 불리는 반얀 나무를 볼 수 있는데, 이 나무 아래에 아루나기리 요기가 남쪽을 향해 앉아 있다고 하며 그를 보면 즉시 해방에 이른다고 한다. 뒷길로 가는 길을 따라 가면 파발라쿤루를 지나 아루나찰라 사원의 서쪽 문인 페이 고푸람에 이르게 된다.

파발라쿤루는 아루나찰라의 동쪽 면에 돌출해 있는 곳이다. 리쉬 가우타마가 머물던 암자가 이곳 산자락에 있었다고 하며, 여신 파르바티가 이곳에서 그의 지도를 받으며 고행을 했다고 한다. 가까운 곳에 여신이 지은 암자가 있다. 또한 근처에 두르가이 암만 사원이 있는데, 이곳은 파르바티가 악마 마히샤수라와 싸우도록 자신의 다른 모습인 두르가를 보낸 곳이다. 임무를 다 마친 두르가는 쉬바 박타인 마히샤수라를 죽인 죄를 속죄하기 위하여 사원에 딸린 저수지에 들어가 성스러운 목욕을 했다고 한다.

안쪽 길을 따라 파발라쿤루를 지나면 도로가 주택들로 막혀 있고 좁은 골목길들로 나뉘어 있다. 따라서 파발라쿤루 다음부터는 중심 도로로 나가서 슈리 라마나스라맘까지 계속 걸어가면 된다. 안쪽 길은 특히 축제 기간에는 붐비는 인파를 피할 수 있어 좋지만, 바깥쪽 길은 아루나찰라의 여러 모습을 조망하고 감상하는 데 더 좋다.

처음 기리프라닥쉬나를 하는 사람들 가운데 몇몇은 지나칠 때 마주치는 사원과 저수지들의 이름에만 유독 관심을 보인다. 또 몇몇 사람들은 이런 사원들과 연관된 신화들에 흥미를 보이며 세세히 알고 싶어 한다. 다른 사람들은 신의 감동적인 침묵을 경험하면서 아루나찰라를 바라보고 그 윤곽의 변화들을 눈여겨보는 데 흥미를 느낀다. 아침 일찍 기리프라닥쉬나를 하는 사람들은 특히 더 그렇다.

흥미 있는 사람들에게 도움이 되도록 다양한 사원과 저수지와 만타팜들, 그 밖의 여러 가지를 보여 주는 지도를 덧붙였다. 그러나 바깥쪽 길에서 주목할 만한 몇몇 두드러진 모습들을 간략히 기술하는 것도 도움이 될 것이다.

바깥쪽 길

라마나스라맘에서 바깥쪽 길을 따라 이른 아침에 출발해 보자. 라마나스라맘의 정문에서 오른쪽으로 돌아 조금 걸어가다 보면 팔리 티르탐이라는 저수지에 다다른다. 반대편에는 만타팜이 있고, 그 옆에는 작은 비나야카르 사원이 있다. 팔라코투 서쪽의 넓은 빈터 쪽으로 좀 더 걸어가면, 아루나찰라는 헌신자를 품속으로 맞이하기 위해 두 팔을 벌린 채 기다리고 있는 것처럼 보인다. 이 빈터에서 더 걸어가면 심하 티르탐이라는 저수지가 있는데, 남쪽을 향하고 있는 아치형 입구 중앙에는 사자의 형상이 있다. 이 저수지는 산 주변에 있는 다른 저수지들과 마찬가지로 산에서 흘러내리는 물로 채워진다. 반대쪽에는 신 수브라마니야에 바쳐진 많은 사원들 가운데 하나가 있다. 여러 신들께 바쳐진 사원들이 길을 따라 점점이 놓여 있는데, 이 사원들은 작기는 하지만 풍경에 아름다움을 더하고 있으며 배경에 있는 아루나찰라의 인상적인 모습과 함께 잘 조화를 이루고 있다. 이 사원들 중 몇 곳은 주위에 정원이 있으며, 한때 사원의 재산으로서 사원을 유지하는 데 쓰이던 넓은 토지가 부분적으로 남아 있다. 사원들 대부분은 딸린 저수지가 있는데, 이 저수지들은 강수량에 따라 물이 가득 채워지기도 하고 일부만 채워지기도 한다. 길을 따라 가다 보면 돌로 지은 만타팜들이 있는데, 순례자들은 여기에서 잠시 쉴 수도 있고 비나 햇볕을 피할 수도 있다. 이것들은 지금은 축제 기간에 주로 사용된다. 여기에서 특별히 언급해야 할 것은 난디(쉬바를 수호하는 소) 석상들인데, 이 석상들은 크기가 다양하며 제각기 특색 있는 자세로 돌 받침대 위에 놓여 아루나찰라를 바라보며 앉아 있다. 길을 따라 가다 보면 이 상들이 띄엄띄엄 발견된다. 아루나찰라의 으뜸가는 헌신자들 중의 하나인 난디는 조용히 산에 경의를 표하고 있으며, 우리가 쉬바 주위를 돌고 있다는 점을 상기시켜 준다.

    또한 우리는 딕팔라카(주요한 네 지점과 부수적인 네 지점을 지키는 수호신)들이 그들이 사랑하는 신을 달래기 위하여 여덟 방향에 세운 사원들을 보게 된다. 이 신들은 동쪽의 인디라(Indira), 남쪽의 야마(Yama), 서쪽의 바루나(Varuna), 북쪽의 쿠베라(Kubera), 북동쪽의 에산얌(Esanyam), 남동쪽의 아그니(Agni), 남서쪽의 니루디(Nirudi), 그리고 북서쪽의 바유(Vayu)이다. 남동쪽과 동쪽 사이에는 예술적으로 아름답게 장식되어 있고 쉬바링가(Sivalinga)가 안치된 만타팜이 산을 향하고 있는데, 이 만타팜은 산을 똑바로 향하고 있다고 해서 네르 안나말라이라고 불린다. 예전에는 그 옆에 암만을 위한 사원이 있었으나 지금은 신상(神像)만 경찰서에 있는 사당에 안치되어 있다. 길 주변에는 논들과 땅콩 밭, 옥수수 밭들이 있고 상업용 화원들이 있는데, 이 화원들에서는 주로 금잔화와 재스민을 재배한다. 또한 길을 따라 여러 암자들과 사원들이 있다. 프라닥쉬나를 마치고 읍내로 들어가다 보면, 예상과는 달리, 붐비는 사람들과 소음 그리고 먼지들이 몰입을 방해하지 못하는데, 이는 산의 존재가 여전히 내면에서 강렬하게 느껴지기 때문이다. 아루나찰레스와라 사원에 들어서면, 마치 산의 모든 힘과 신성이 이곳에 집중되어 있는 것처럼 느껴진다. 링고트바바(Lingothbava)로서의 아루나찰라에 경의를 표한 뒤 우리는 프라닥쉬나의 마지막 구간을 간다. 우리는 아루나찰라의 정상이 카일라사 산과 닮아 보이는 지점, 정확히는 아그니 티르탐을 지나게 되는데, 어느 지점에서 보면 산 정상이 회교 사원의 둥근 지붕처럼 보인다. 세샤드리 스와미 아쉬람을 지나서 바가반 라마나의 아쉬람에 도착하면 기리프라닥쉬나가 끝난다.

들판을 지나는 가운뎃길은 처음에는 분명하게 알아볼 수 있지만 나중에는 분간하기가 힘들다. 그래서 이 길을 설명하는 것은 생략하였다.

또 바깥쪽 프라닥쉬나 길을 따라 가다 보면 발견하게 되는 작은 사원들에 대해서도 자세히 설명하지 않았다. 왜냐하면 이 작업은 본질상 아루나찰라와 관련하여 다루어져야 하기 때문이다. 그러므로 여기에서는 꼭 필요한 것 이외에는 피하였다. 또한 순례자들이 산을 돌 때 볼 수 있는 아루나찰라의 다양한 모습들에 대해서도 가장 두드러진 모습을 제외하고는 언급하지 않았다. 아루나찰라가 헌신자들에게 보여 주는 모습들은 각자의 상상에 따라 수없이 많다.

기리프라닥쉬나의 중요성은 아무리 강조해도 지나치지 않다. 그 중요성과 몸과 영혼에 미치는 기리프라닥쉬나의 영향을 깨닫기 위해서는 몸소 기리프라닥쉬나를 하는 수밖에 없다.

11

아루나찰라: 감미로운 타밀어의 영감

타밀어는 가장 발달된 순수하고 독특한 언어라고 찬사를 받고 있다. 가장 오래된 언어라고 추정되는 라틴어, 산스크리트, 그리스어, 고대 이집트의 상형문자와 중국어 같은 언어들 중에서 오직 타밀어만이 오늘날까지 언어로서 널리 사용되고 있다. 중국어와 그리스어도 여전히 사용되고 있기는 하지만 상당한 변화를 겪었으며, 시간이 흐름에 따라 본래의 모습을 많이 잃어 버렸다. 기원전 4000에서 3000년 사이에 쓰인 많은 어휘들이 아직도 사용되고 있는 언어는 타밀어뿐이다. 상업에는 영어, 과학에는 라틴어, 철학에는 독일어, 그리고 헌신에는 타밀어가 훌륭하다고, 뛰어난 언어학자이며 타밀 철학자인 아루무가나발라르는 말한다.

타밀 문학은 풍부한 작품들을 자랑하며, 주요한 세 시기의 시인과 왕들에 의해 자양분을 공급 받았다.

첫 번째 시기를 제1상감(Sangam) 시대라고 한다. 제1상감 시대는 4,440여 년 동안 지속되었다. 이 시기에 타밀인들이 다스리던 나라는 넓은 지역을 아우르고 있었는데, 현재의 마우리티우스 섬까지 속하는 것으로 보인다. 그것은 레무리아(Lemuria)라고 불리는 하나의 대륙을 형성하고 있었다.

제1상감 시대에는 산문, 시 및 희곡 분야의 작가 협회가 결성되었다. 이 시대에 가장 유명한 시인은 아가스티야였다. 그는 산문, 시 및 희곡을 쓰는 법을 규정한 아가스티얌이라는 책을 저술하였다. 그러나 이 영화로운 시대는 바다의 침식으로 종말을 고하였다.

제2상감 시대는 수도 카파타푸람에서 시작되었으며 3,000여 년 동안 지속되었다. 이 시대의 탁월한 시인인 톨카피에르는 문법의 일반 규칙을 정하고 사회 윤리와 처세법을 다룬 톨카피암이라는 책을 썼다. 톨카피암은 현존하는 가장 오래된 책으로서, 우리가 일상 대화에서 사용하는 단어들이 많이 발견된다.

톨카피암에 티루반나말라이에 대한 언급이 보이는데, 이 책에서는 티루반나말라이를 '안나 나두'라고 칭하고 있다. 티루반나말라이는 '나두 나두'라고 불리는 지역에 속해 있었다. 두 단어가 결합하는 사례를 보여 주기 위해 톨카피에르는 '안나테리'라는 단어를 사용하고 있다. 이 단어는 안나 나두에 있는 호수를 가리킨다. 따라서 우리는 티루반나말라이가 제2상감 시대의 시인들에게 알려져 있었음을 알 수 있다. 주석가들은 톨카피에르의 작품 가운데 한 구절이 카르티카이 축제 날에 아루나찰라에 밝혀지는 봉홧불을 가리키는 것이라고 주장한다.

이 시대의 종말은 상감이 위치해 있던 타밀국의 영토가 바다 밑으로 가라앉으면서 찾아왔다. 그 결과 스리랑카는 인도와 분리되었으며 스리랑카 남부에서 마우리티우스까지의 육지가 바다 밑으로 잠겼다. 그리고 이 현상과 균형을 이루기 위하여 안다만과 니코바르 제도가 바다 위로 솟아올랐다.

제3상감 시대는 1,850년 동안 지속되었는데, 이 시기의 가장 유명한 시인들로는 낙케라르, 아브바이야르, 티루발루바르, 카빌라르, 바라나르 등이 있다. 이 작가들의 작품은 아직도 부분적으로 접할 수 있다. 이 작품들은 크게 에투토가이와 파투파투로 분류된다.

이 작품들 속에는 안나말라이야르에 대한 언급이 풍부하게 들어 있다. 카르 나르파두, 칼라바리 나르파두 및 파자모리 같은 작품들에 카르티카이 디팜이 언급되어 있다. 티루타카 테바르가 쓴 세바카 친타마니는 위대한 5대 서사시 중의 하나인데, 티루반나말라이에 대해 언급하고 있다. 낙케라르 같은 시인들은 이미 앞에서 본 바와 같이 안나말라이야르를 찬양하는 노래들을 지었다.

이제 근대로 가 보자.

지난 500년 동안 아루나찰라에 대한 작은 규모의 작품들이 많이 저술되었다. 이 작품들 가운데는 아루나기리 안다아디, 아루나기리 벤바와 안나말라이 벤바 등이 있다. 이 가운데 가장 유명한 것은 쉐이바 엘라파 나발라르가 쓴 아루나찰라 푸라나다다. 400년 전에 살았던 이 시인은 원래 산스크리트로 쓰인 링가 푸라나와 스칸다 푸라나를 타밀어로 번역하였다. 이것이 아루나찰라 푸라나로 알려지게 되었다.

이제 우리는 쉐이바 엘라파 나발라르가 쓴 아루나찰라 푸라나의 내용을 조금 볼 것이다.

아루나찰라의 영광에 대해 얘기하면서, 그는 깊은 헌신으로, 우리가 모든 형태의 링가에 대하여 들어 보았지만 티루반나말라이 말고 또 어디에 이슈와라(신)가 산의 모습으로 거주하느냐고 묻는다. 다른 시행에서는 이렇게 말한다. "칸치, 카시와 다른 신성한 장소들을 저울의 한쪽 접시에 올려놓고 아루나찰라를 다른 쪽 접시에 올려놓는다면, 후자가 밑으로 내려갈 것이다." 또 다른 시행에서는 "다섯 가지 큰 죄 중 하나를 저지른 사람이 아루나찰라에 대해 명상을 하면 그 죄가 씻어진다. 아루나찰라를 생각하기만 하여도 구원을 받을 수 있기 때문이다."라고 쓰고 있다. 넷째 시행에서는 "만약 어떤 사람이 아루나찰라보다 더 신성한 장소를 찾으려 하거나 다른 성소들을 아루나찰라와 비교한다면, 그의 모든 선행과 고행은 쓸모없게 될 것이다."라고 말한다. 그는 기리프라닥쉬나를 높이 찬미한다. 타밀어를 잘 아는 헌신자들은 이 위대한 작품을, 혹은 적어도 아루나찰라의 영광을 찬미하는 장들만이라도 골라서 연구해야 한다. 이 작품은 아루나찰라에 대한 오롯한 헌신을 보여 준다.

마라이 갸나데시카르의 아루나기리 푸라나는 아루나찰라 푸라나보다 오래되었지만 이보다 덜 알려져 있다. 지금까지 65편의 작품이 아루나찰라에 대해 쓰였다. 이 가운데 14편은 쉐이 바티루 소나찰라 바라티야르가 지은 저작들이다. 이 모든 작품들은 오로지 아루나찰라에 대해서만 말하고 있다. 이 밖에도 아루나찰라에 대해 언급하고 있는 작품들이 많이 있다. 우리는 아루나찰라에 대하여 쓰인 작품들이 얼마나 많이 소실되었는지 모른다.

아루나찰라에 대해 쓰인 사다감(sadagam)이 둘 있는데, 아루나찰라 사다감과 안나말라이 사다감이 그것들이다. 사다감은 100편의 시들로 이루어져 있다. 운나물라이 암만에 대한 사다감도 있다. 아루나찰라 사다감의 저자인 칸치푸람 사바파티 무달리아르는 "당신은 창조의 일을 브라마에게, 유지의 일은 비슈누에게 맡기셨습니다. 당신은 파괴의 일을 맡으셨고, 저에게는 당신을 찬미하는 일을 맡기셨습니다."라고 말하고 있다.

파디감은 10개의 시편들로 구성되는 형식의 작품이다. 신 아루나찰라에 대한 65편의 작품들 가운데는 티루반나말라이 티루바룰 파디감, 아루나찰레스와라 바루가이 파디감, 운나물라이 암만 바루가이 파디감, 아루나찰라 악샤라말라이 등이 있다.

바가반 라마나가 지은 아루나찰라에 대한 작품들은 이제까지 아루나찰라에 경의를 표하며 쓰인 모든 작품 가운데 보석처럼 빛나고 있으며, 앞으로도 영원히 남아 있을 것이다. 이 작품들은 아루나찰라 악샤라마나말라이, 아루나찰라 나바마니말라이, 아루나찰라 파디감, 아루나찰라 아슈타캄 그리고 아루나찰라 판차라트남이다. 이 작품들은 아루나찰라 스투티 판차캄이라는 제목으로 함께 묶였다. 우리는 뒤에서 이에 대해 언급할 것이다.

  세 상감 시대들로부터 근대와 미래 문학에 이르기까지 수천 년 동안 아루나찰라 산은 영감의 원천이 될 것이라는 것을 구루 나마치바야르는 직감적으로 알았을 것이다. 그가 안나말라이 벤바에서 아루나찰라를 "타밀어에 영감을 준 산"이라고 묘사한 것은 아마도 그 때문이었을 것이다.

12
축제들

티루반나말라이에서는 많은 축제들이 열리고 있다. 그 가운데는 며칠 동안 계속되는 축제들도 있고 하루 동안만 열리는 것도 있다. 태양이 북쪽으로 향하는 것을 기리기 위한 우타라야남 축제가 1월에 10일 동안 열린다. 쉬바와 파르바티의 다툼 그리고 성자 순다라르가 그들의 다툼을 중재한 것을 기리는 티루부달 축제가 있다. 이 축제에서, 사제들은 쉬바와 파르바티 및 순다라르의 역할을 각각 맡아서 연기한다. 다툼과 중재가 생생하게 연기된다. 이 연극은 축제에서 가장 인기 있는 부분이다. 이 연극은 아루나찰라 사원에서 매우 가까운 티루부달이라는 거리에서 행해진다. 이날은 또한 쉬바가 난디와 브링기 같은 현자들에게 달샨을 준 날이기도 하다.

전통적 관행에 따라 일 년에 며칠씩 아루나찰라는 그분의 헌신자들을 찾아 여러 장소를 방문한다. 1월에는 마날루르페타이와 칼라사파캄 같은 작은 마을을 방문한다. 아루나찰라가 이 마을들을 향해 출발하는 날이면, 사원은 이른 새벽 2시경에 문을 열고서 신이 이곳들을 향하여 출발하기 전에 그날의 푸자를 행한다. 사람들이 붐비지 않아 조용한 그 시간에 오직 신과 함께 있는 것은 감명 깊은 경험이다. 그곳의 고요함은 인상적이며, 심오한 명상을 경험할 수 있다. 이런 행사에 참석하는 사람에게는 그 인상과 경험이 오래 갈 것이며, 그는 신의 힘과 은총을 이해하게 될 것이다.

2월과 3월에는 마하 쉬바라트리 축제가 열린다. 이것은 브라마와 비슈누가 오만을 버리고 겸손해진 뒤 다른 모든 신들과 더불어 불기둥에 경의를 표하는 이야기를 재현한 것으로, 매우 중요하고 영적인 의미를 지니고 있는 축제이다. 그들의 간청을 받아들여 신 아루나찰라는 연민으로 링가의 형태를 취한다. 축제 전날은 엄숙한 분위기가 읍내 전체와 사원에 퍼진다. 쉬바를 숭상하는 파인 쉐이비즘이 시작되어 번성한 곳이 티루반나말라이기 때문에, 이곳에서 열리는 마하 쉬바라트리는 특별한 의미를 지닌다. 사원은 새벽 2시경에 문을 열고, 아비세캄과 푸자를 행한 뒤, 신 이름을 10만 번 암송하는 락샤르차나가 시작되어 오후 늦게까지 계속된다. 사원은 밤새 개방되고 3시간마다 푸자가 올려지는데, 첫 푸자는 저녁 6시에 행해진다. 프라닥쉬나를 하는 사람들의 물결이 하루 종일 이어진다. 어떤 사람들은 밤을 새워 가며 계속하고, 어떤 사람들은 각자의 열정에 따라 한 번 이상씩 하기도 한다. 쉬바라트리의 진정한 의미는 쉬바라트리 날에 라마나 마하리쉬에 의해 알려지게 되었다. 마하리쉬 앞에 앉아 있던 사두들 가운데 한 명이 마하리쉬에게 아디 샹카라의 닥쉬나무르티 스토트라(찬가)의 의미를 설명해 달라고 요청했을 때, 마하리쉬는 "예, 앉으시오."라고 말하였다. 헌신자들은 설명을 열심히 기다렸지만, 바가반은 그분의 평상시 자세로 침묵을 계속 지켰다. 시계는 똑딱거리고 시간은 계속 흘러갔다. 매혹적인 침묵이 흘렀다. 그 자리에 있던 모든 사람들은 그들 자신 속으로 깊숙이 몰입되었다. 동이 트자 사람들은 몸 의식을 되찾기 시작하였다. 바가반은 질문자에게 이제 찬가의 의미를 이해했는지 부드럽게 물었다. 그 사두와 다른 사람들은 고개를 끄덕이며 마하리쉬에게 감사의 절을 올렸다. 바가반 라마나가 이렇게 보여 준 것처럼 쉬바라트리의 진정한 의미는 몸은 그날 무엇을 하고 있든지 마음은 그것의 근원 속으로 몰입되어야 한다는 것이다.

4월과 5월에 있는 바산토트사밤 축제는 카마다하나(Kamadahana)를 기념하기 위해 열리며, 욕망을 인간의 형상으로 만들어 불에 태우는 축제이다. 이 축제는 10일 동안 지속된다.

여신 두르가가 악마 마히샤수라를 죽인 것을 기념하는 나바라트리도 쉬바라트리처럼 이곳 티루반나말라이에서 기원한다. 속죄의 타파스(고행)를 하는 동안 파르바티는 악마 마히샤수라와 싸워야만 했다. 악마 마히샤수라가 티루반나말라이 구역 안에서 그녀와 싸우려 하자 그녀는 그에게 말했다. "이곳은 오직 아루나찰라의 현자들과 헌신자들만이 거주할 수 있는 신성한 장소이다. 그러므로 신을 분노케 하지 말라. 그렇지 않으면 그분에 의해 불태워질 것이다. 내가 너와 싸워 너를 죽여야 하는 것은 이미 정해진 사실이다." 그래서 파르바티는 악마를 티루반나말라이의 경계 밖으로 데리고 간다. 아흐레 동안 싸운 끝에 그녀는 그를 죽여 승리하고는 티루반나말라이로 되돌아와 다시 고행을 계속했다. 나바라트리 축제가 모든 곳에서 성대하게 열리지만, 티루반나말라이에서는 특별한 의미를 지닌다. 이 축제는 티루반나말라이의 모든 암만 사원들에서 거행된다. 두르가이 암만 사원의 지성소에 있는 여신은 축제 9일째 날에 마히샤수라 마르디니(Mardini)로서 장식된다.

   닥쉬나야남 축제는 태양이 남쪽 방향으로 이동하기 시작하는 것을 알리는 축제로 10일 동안 계속된다.

   1월에 마날루르페타이와 칼라사파캄 마을을 방문하듯이, 아루나찰라는 8월과 9월의 아바니 물람(Avani Moolam) 날에는 키즈나투르 마을을 방문한다. 이것은 쉬바가 노파에게서 밀가루와 코코넛을 찐 요리인 푸투 몇 조각을 받은 대가로 대신 진흙을 날라 준 일을 기리기 위한 축제이다. 이 일은 마두라이에서 일어났으며, 이 축제는 '푸투쿠만 수만다두'라는 이름으로 널리 알려져 있다.

그리고 스칸다 사슈티, 티루칼야남 등의 축제들이 있으며, 또한 마니카바차카르를 기념하는 10일 동안의 축제도 있다. 각 축제들은 어떤 식으로든 티루반나말라이와 연관이 있다.

12월과 1월에는 신 나타라자가 여러 현자들을 달샨한 것을 기리는 아르드라 축제가 있다. 이 축제는 또한 지고의 존재가 거대한 불기둥의 모습으로 브라마와 비슈누 앞에 나타난 날을 알리는 것이기도 하다.

앞에서 든 것들은 아루나찰레스와라 사원에서 열리는 중요한 축제들이다. 사실 매년 약 90일 동안 이런저런 축제들이 사원에서 열리지만, 타밀력 달마다 열리는 덜 중요한 축제들은 여기에서 언급하지 않았다.

남인도에서 가장 오래된 축제로서 가장 중요하고 또 가장 정성 늘여 행하는 축세는 카르티카이 디핌이다. 이 축제는 타밀력 카르티카이 달(11월 15~12월 15)에 크리티카 별이 동녘에 떠오르는 날 행해지는데, 이날에는 대개 보름달이 뜬다. 축제를 묘사하기 전에 잠시 옛날로 눈을 돌려 보자. 앞에서 언급하였듯이, 고대 타밀 문학에서 현존하는 가장 오래된 작품인 톨카피얌은 타밀 문법을 위하여 시 형식에 관한 규칙들을 간략히 제시하고 있으며 다른 주제들 역시 다루고 있다. 학자들은 이 작품이 기원전 2000년에서 2500년 사이에 지어진 것으로 추정하고 있다. 톨카피에르는 기본 원칙 가운데 하나를 설명하는 글에서 "위로 솟아오르는 램프의 불길처럼"이라는 글귀를 사용한다. 여러 주석가들 중 한 주석가는 이 글귀가 바람에 깜박거리지 않고 밝게 불타며 하늘을 향해 활활 타오르는, 안나말라이 산에 밝혀진 봉홧불을 언급하는 것이라고 말한다.

자이나교 시인 티루타카 테바르는 그의 서사시 시바카친타마니에서 사람들이 어떻게 카르티카이 디팜 축제를 치르는지를 묘사하고 있다. 상감 시대의 고대 타밀 문학 작품들도 카르티카이 디팜 축제를 생생히 묘사하고 있다. 카르나르파두라는 작품에서, 시인은 타밀력 달 카르티카이 때 사람들이 전야제에 밝힌 등불들이 지상에서 꽃들처럼 활짝 피었다가 다시 비가 되어 내리는 모습을 묘사하고 있다. 기원전 1000년 이후인 제3상감 시대로 거슬러 올라가는 칼라바리 나르파두라는 타밀어 작품에서, 시인은 "전장에서 죽은 병사들의 몸에서 흘러나오는 피는 카르티카이 디팜 축제 때 밝혀진 등불들의 붉은 불꽃과 같다."라고 쓰고 있다. 또 다른 상감 시대의 작품인 파라모리의 스탄자들은 각각 격언으로 끝을 맺는데, 어떤 스탄자는 "산 위의 봉홧불처럼"이라는 구절로 끝난다. 이것은 거룩한 산 아루나찰라 위에 밝혀진 봉홧불을 언급하고 있음이 분명하다.

테바람에서 삼반다르는 죽은 소녀 품파바이를 살리려 애쓰면서 격정에 사로잡혀 묻는다. "오, 품파바이여. 너는 옛 카르티카이 축제도 보지 못한 채 가 버렸느냐?" 테바람의 다른 노래에서는 신은 진실로 (카르티카이 축제 때 밝혀진) 디팜이라고 말하고 있다. 카르티카이 디팜에 관한 어느 작품은 이 축제를 찬미하는 백 편의 스탄자로 이루어져 있다.

슈리 무루가나르가 바가반 라마나에게 카르티카이 디팜 축제의 의미에 대해 묻자 바가반은 네 줄로 된 스탄자를 지었는데, 그 시에서 바가반은 "카르티카이 디팜 축제의 진정한 의미는 지성을 안으로 돌려 가슴속에 고정시키는 것이며, 그리하여 지성을 가슴에 거주하고 있는 자와 하나가 되게 하는 것이다."라고 말하고 있다.

디팜 축제는 사원에만 국한되지 않으며 읍내 전체를 포괄한다. 과거 작은 촌락이었던 티루반나말라이는 이제 소도시로 성장하였다. 그러나 디팜 축제의 매력과 아름다움은 수백 년 전과 다를 바 없다. 삶의 질은 현대화되거나 저하된다 해도 디팜 축제의 매력은 영원히 남을 것이다.

디팜 축제와 관련된 풍습, 의식과 예식들은 수 세기 동안 유지되어 왔다. 사원과 관계 당국이 정해진 절차와 관습에 따라 방문객을 받을 사원 구내와 읍내를 준비시키는 과정은 아루나찰라의 헌신자에게는 따분해 보이지 않는다. 그 헌신자는 똑같은 준비 과정을 해마다 보아 왔을지도 모른다. 그러나 그에게는 그 과정을 지켜보는 것이 매년 새로운 경험이다. 그는 모든 준비 과정을 유심히 흥미롭게 지켜본다. 시대의 필요성을 감안하여 조금씩 변화가 이루어지고 있다. 오래된 질서는 새로운 질서에 길을 내주지만, 사람들의 헌신은 똑같은 채로 남아 있다. 사실 세상은 더욱 복잡해졌지만, 그런 소란과 혼잡 속에서도 헌신자는 내면에서 평화와 고요를 경험할 수 있는데, 그러한 것은 오직 아루나찰라 주변에서만 얻을 수 있는 것이다.

도시는 디팜 날 수십만에 이르는 방문객을 받기 위해 준비를 한다. 사원에서는 축제를 위한 준비가 판달칼 무후르탐과 함께 시작되는데, 이 의식은 다양한 준비의 시작을 알리기 위해 거행하는 간단한 의식이다. 초대장들을 인쇄하여 배포하고, 꽃들을 준비하고, 물건을 팔 가게들과 순례자들의 휴게소로 이용될 초막들이 세워진다. 헌신자는 사랑하는 신을 모신 사원이 깨끗이 청소되는 것을 큰 기쁨으로 지켜본다. 헌신자들은 지성소 주위의 경내를 청소하고 거미줄을 제거하는 일을 자원하여 맡는다. 수많은 금, 은 장신구와 그릇들이 사원 관리자들이 지켜보는 가운데 광택이 나게 닦인다. 산 정상에서 디팜을 밝힐 큰 구리 솥을 꺼내어 깨끗이 씻는다. 도로들, 특히 사원 둘레의 주요 네 도로가 보수되는 모습을 바라보는 헌신자는 큰 기쁨을 느낀다. 기리프라닥쉬나를 하는 도로에도 가로등이 밝혀진다.

모든 종교 축제의 진정한 의미는 그 기간에 지고의 존재가 헌신자들로 하여금 그분의 현존을 느끼게 한다는 것이다. 축제 기간에 헌신자들이 보여 주는 열렬한 헌신은 그분의 약동하는 현존을 우리에게 느끼게 해 준다. 마하 쉬바라트리와 카르티카이 디팜 축제 기간에 아루나찰라는 그분의 사랑스런 헌신자들의 가슴을 열고 그분 자신을 지고의 존재로서 드러낸다. 그분은 헌신자들의 가슴속 동굴 한가운데에 자리 잡고 있는 유일한 거주자이며 '나, 나'로서 빛나는 그분은 축제의 전체 진행 과정을 지휘한다.

16일간 진행되는 축제의 첫 3일은 다양한 신들을 달래는 의식을 행하고, 마지막 3일은 아루나찰라 산봉우리에 밝힌 디팜의 에필로그에 해당한다. 그러므로 본 축제는 10일 동안 열리는 셈이다. 첫날은 10일간의 축제가 시작됨을 알리는 깃발 게양식으로 시작된다. 드와자로하남이라고 하는 이 게양식은 사원의 축제가 시작됨을 알린다. 그러나 카르티카이 디팜 축제의 드와자로하남에는 수많은 군중들이 모여든다. 10일 동안 진행되는 축제 과정을 묘사하는 데는 아루나찰라에 대한 사랑과 헌신이 탁월한 헌신자의 눈을 빌리는 것이 가장 좋다.

그는 피치 못할 경우를 제외하고는 언제든지 아비세캄, 푸자, 행진, 수레 장식 등에 몸소 참여한다. 축제의 첫날에 대개 아침 일찍 드와자로하남을 행하는데, 그는 행사 장소에 미리 와 있다. 사제들이 마치 자신의 사랑하는 아들인 양 신에게 아비세캄을 행하고 장식을 할 때, 그는 신에게 몰입된다. 헌신자는 구석진 곳에 자리를 잡는데, 그곳은 자기만 알고 있는 지켜보기에 유리한 지점이며 그의 눈과 귀가 사소한 것조차 놓치지 않을 수 있는 곳이다. 그는 사원의 탑들과 산을 바라본다. 그리고 사원의 넓은 마당으로 밀려드는 헌신자들을 지켜보는데, 처음에는 두세 명씩, 다음에는 열 명씩 들어오다가 나중에는 수백 명씩 들어온다.

장식을 한 신과 그 일행은 사원 밖으로 실려 나와, 의식을 한눈에 바라볼 수 있는 자리인 깃대 앞에 놓인다. 때가 되면 나가스와라 음악, 북과 심벌즈 반주에 맞추어 사제들이 베다를 암송하는 가운데 깃발이 높이 올라간다. 사제들은 이 자리에 와서 이 행사를 지켜보도록 모든 신성한 강, 모든 신, 모든 현자들을 초청한다. 드와자로하남 의식이 끝나면 신은 다른 신들과 함께 바깥으로 모셔져 주요 거리를 돈 뒤, 남쪽 면 즉 셋째 프라카람에 있는 거대한 홀에 안치된다. 신은 그분의 수많은 헌신자들에게 달샨을 주기 위해 다음 며칠 동안 그곳에 있을 것이다. 이 행사 이후부터 숭고한 열광이 사랑으로 가득 찬 헌신자들을 사로잡는다. 그에게 다음 열흘은 꿈결처럼 지나간다. 왜냐하면 이제 그는 음식이나 잠 혹은 다른 세속적인 활동들이 중요하지 않은 상태에 있기 때문이다.

그는 축제 기간 매일 빠르게 이어지는 행사들에 완전히 몰입한다. 아루나찰라는 그분의 열렬한 헌신자를 느끼고 있다. 헌신자는 낮과 밤이 가는 줄도 모른다. 그는 하루에도 여러 번 사원을 방문하며, 베다 찬가를 집중하여 듣고, 성상들의 행렬과 디파라다나(deeparadhana)를 지켜본다. 헌신자들이 이끄는 수레 위에 앉은 각 신상들의 섬세함, 아름다움, 우아함이 그의 가슴을 사로잡는다. 특히 축제 5일째 날 밤에는 신과 배우자를 그분들의 탈 것인, 은으로 만든 황소 좌대에 앉힌다. 비록 이 행사는 매년 되풀이되지만, 수천 명의 헌신자들은 만타팜 앞에 모여들어, 아름답게 치장한 신이 크고 당당한 황소 좌대로 옮겨 앞쪽과 뒤쪽의 운반자들 사이에서 완벽한 조화를 이루며 안치되는 모습을 경탄하며 지켜본다. 축제 8일째 날은 마하 라탐(큰 수레)의 날로서, 이날 신 아루나찰라와 여신 운나물라이는 각자의 수레에 탄 다른 신들과 함께 주요 거리를 돈다. 가네샤와 수브라마니야가 타고 있는 작은 마차가 행렬의 선두에 서며, 신이 타고 있는 당당하고 장엄한 거대한 수레는 정해진 시간이 되면 항시 있던 자리에서 밖으로 천천히 이끌려 나오는데, 사랑하는 안나말라이야르의 수레(라탐)를 끄는 일에 참여하고자 그곳에 모인 수천 명의 남녀들이 함께 끌어당긴다.

  긴 쇠사슬 두 줄이 수레에 연결된다. 목수들은 수레를 세우거나 내리막길을 내려갈 때 속도를 줄이기 위한 정지 장치로서 나무 쐐기를 사용한다. 쇠사슬을 들어올리라는 신호를 보내면 헌신자들은 쇠사슬을 들어올린다. 쇠사슬의 한쪽은 남자들이 잡고 다른 쪽은 여자들이 잡는다. 쐐기를 뽑고 나서 수레를 움직이기 위해 거대한 바퀴 뒤에서 지렛대를 사용할 때, 두 번째 신호가 수레로부터 주어진다. 즉시 남자와 여자들은 거대한 열광과 일치된 함성으로 "안나말라이야르 만세."라고 외치며 온 힘을 다해 마차를 끌어당긴다. 조금씩, 천천히 신의 수레가 움직이기 시작하고, 끄는 힘이 커지면서 수레도 탄력을 얻는다. 꽃줄과 바나나 줄기, 망고 잎들로 온통 장식된 거대한 수레, 그리고 그 위에서 아루나찰라와 여신에게 경의를 표하기 위해 모인 헌신자들을 은총의 시선으로 내려다보고 있는 그분의 모습은 모든 사람들의 가슴을 매료시킨다. 특히 수레가 서쪽 거리에 있을 때인 저녁 무렵, 겨울 태양의 금빛 광선은 아루나찰라 산의 봉우리들을 지나 군중들을 빛으로 목욕시킨다. 한쪽에는 산, 맞은편에는 사원의 탑, 그 가운데 위엄 있게 거대한 수레를 타고 있는 신 아루나찰라는 신들이 지켜볼 만한 장관이다.

축제 10일째 되는 날은 사람들의 가슴속에 잠재되어 있는 헌신이 절정을 이룬다. 그들의 헌신은 깃발이 올려짐으로써 촉발되어 날마다 점점 강렬해지다가, 마침내 위대한 디팜 날인 10일째 날에 정점에 이른다. 아침에는 마하 디팜 즉 카르티카이 디팜의 서곡에 해당하는 바라니 디팜(쉬바의 다섯 측면을 상징하는 다섯 등에 불을 밝히는 축제)을 볼 수 있다. 각계각층의 사람들, 타밀나두 주 전역에서 온 사람들, 인도의 다른 지역에서 온 사람들, 해외에서 온 소수의 사람들이 이 작은 도시로 쏟아져 들어오는 것을 볼 수 있다. 언어나 문화, 견해는 달라도 그들 모두가 아루나찰라에 대한 지극한 사랑과 헌신의 마음으로 찾아오는 모습을 보면 가슴이 벅차오른다. 그들은 아루나찰라가 한없이 오랜 옛날 신들에게 약속한 바를 지키기 위하여 신성한 산의 꼭대기에 드러낼 조티(불기둥)를 목격하기 위해 온다.

전날 밤, 사원은 바라니 디팜을 준비하기 위하여 모든 사람을 사원 구내에서 내보낸다. 그러나 규칙적으로 오는 몇몇 헌신자들은 벽의 움푹 들어간 곳에 들어가 숨거나 사원의 방들 가운데 한 곳에 은신한다. 그들은 어떻게든 한밤중에 목욕을 하고 사원으로 들어와서, 아비셰캄과 장식을 하는 모습이 잘 보이는 곳에 자리를 잡고 앉는다. 이른 새벽 2시경에는 정해진 의식이 시작된다. 지성소에 인접해 있는 홀인 마하만타팜에서 하반(야그나)이 시작되고, 그 동안 신 아루나찰라를 위한 아비셰캄이 시작된다. 아비셰캄은 기름, 허브 가루, 심황, 과일, 우유, 응고된 우유, 부드러운 코코넛, 라임즙, 쌀, 비부티, 백단 반죽 및 금 등으로 행해지며, 사원 전체는 헌신자들로 가득 찬다. 이와 같은 카르티카이 디팜의 준비 과정을 지켜보기 위하여 몰려든 사람들로 사원은 인산인해를 이룬다.

  금으로 화려하게 장식된 신을 꽃으로 꾸민다. 그것이 끝나면 커튼이 걷힌다. 숨을 죽인 헌신사들은 그들의 신을 처음으로 달샨한다. 신은 그분의 모든 찬란한 영광으로 눈부시게 빛난다. 푸자가 끝난 후 아라티가 이어진다. 사제는 커다란 장뇌 덩어리에 불을 붙인 뒤 천천히 위아래로 흔들며 신 주위를 돈다. 쌍둥이 종이 울리고 북소리가 나면, 돌연 즉시 수천 명의 입에서 "안나말라이야루쿠 아로하라(안나말라이야르 만세)."라는 함성이 터져 나온다. 그러면 사원 밖에 있는 사람들은 사랑하는 신을 마치 홀린 듯 찬미하면서 이 소리를 반복해서 외친다. 아라티는 바깥으로 운반되며, 야그나를 행한 토기들 위에 밝혀진 다섯 개의 등불에 이 불빛을 보여 준다.

바라니 디팜이 의미하는 바는 우주적 신이 다섯 원소들로 나타났다가 저녁에는 다시 '하나인 존재자'가 되어, 디팜이 산꼭대기에 밝혀질 때 테조링가로서 빛난다는 것이다. 바라니는 달이 날마다 연속적으로 통과한다고 하는 27개의 별자리 가운데 하나이며, 힌두 역서(曆書)에 따르면 바라니는 크리티카 앞에 온다. 토기 그릇 등불들을 든 행렬이 사원 주위를 행진한다. 이 등불로 횃불을 채화한 뒤 횃불을 산꼭대기로 운반한다. 산꼭대기에는 성화를 밝힐 큰 구리 솥이 버터기름과 장뇌로 가득 채워지고 천 심지가 꽂힌 채 준비되어 있다.

아침부터 정오까지 수천 명의 사람들이 지성소 안에 모셔진 안나말라이야르를 흘끗이라도 보기 위하여 사원으로 모여든다. 정오가 되면 신상들을 모시고 나가 깃대 앞에 있는 작은 만타팜에 안치한다. 오후 두시 경에는 헌신자들의 입장이 허락된다. 문이 열리자마자 그들은 좋은 자리를 차지하기 위해 쏟아져 들어온다. 사원에서는 저녁 늦게까지 계속 바잔을 노래한다. 수십만 명에 이르는 사람들은 기리프라닥쉬나를 한다.

겨울 태양이 지평선 아래로 잠기면, 고요한 침묵이 서서히 사원 안팎의 온 대기를 가득 채운다. 사원 바깥의 거리에서, 집들의 옥상에서 사람들은 위대한 행사가 시작되기를 기다리며 숨을 죽이고 아루나찰라 산의 정상을 응시한다.

슈리 라마나스라맘에도 많은 헌신자들이 모여 있다. 그들은 슈리 바가반이 평생 앉아 있었던 긴 의자에 모셔 놓은 그분의 초상화 주위에 앉는다. 옆에는 바가반의 지팡이와 카만달루(작은 주전자)가 있다. 버터기름이 가득 채워진 작은 솥은 그분의 초상화 앞에 놓여 있다. 이 의자 주위에 앉아 있던 헌신자들은 정해진 시간이 되면 모든 눈을 산 정상에 고정시킨다. 시간이 여섯 시를 향해 서서히 접근하는 동안, 깊고 풍부한 침묵이 서서히 내려앉는다. 모든 곳에 평온함이 깃든다.

정확히 오후 여섯 시가 되면, 사원에서는 아르다나레스와라의 신상을 밖으로 모셔 나오고 신 앞에 아라티를 한다. 단지 몇 초간이지만 아르다나레스와라의 신상이 1년 중 밖으로 나오는 때는 이때가 유일하다는 점을 언급하고자 한다. 우레처럼 폭죽들을 터뜨리면, 산꼭대기에 있는 남자들에게 성화를 붙이라는 신호가 된다. 달이 동쪽 하늘에 떠오를 때 맑은 하늘 위로 성화의 첫 화염이 솟아오르면 황홀과 헌신의 감정이 휘저어진다. 수천, 아니 수십만의 목소리가 하나 되어 만세를 외친다. "안나말라이야르 만세." 심지어 다른 종교를 믿는 사람들이나 구경꾼들조차도 이 장엄한 광경에 감복하여 가슴이 벅차오른다. 밝게 타오르는 성화, 대기에 가득 찬 헌신자들의 찬미의 감정, 산 위에 빛을 뿌리는 보름달, 이 모든 것들이 마법의 주문을 걸고, 약동하는 신의 현존은 헌신자들의 가슴 가장 깊은 곳까지 강렬하게 느껴진다.

슈리 라마나스라맘에 있는 거주자들과 헌신자들은 성화를 보자마자, 아름다운 선율의 악샤라마나말라이(아루나찰라에 바치는 결혼 화환문)를 노래하기 시작한다. 그와 동시에 바가반의 초상화 앞에 놓인 작은 솥에도 성화가 붙여진다. 다음은 '슈리 라마나스라맘에서 온 편지들'에 실린 슈리 나감마의 이야기이다.

오후 세 시경부터 헌신자들은 축제를 준비하기 시작하였다. 아쉬라맘의 바닥은 라임, 쌀가루, 꽃 그림과 망고 잎들로 장식되었다. 이 축제를 위하여 읍내로 온 사람들은 대개 아침에 산 주위를 도는 중에 아쉬라맘을 방문한다. 반면에, 저녁에 열리는 아쉬라맘 축제에는 아쉬람에 거주하고 있는 이들이 주로 참여한다.

이날 저녁 바가반이 밖으로 나가자, 시자들은 정상을 직접 볼 수 있는 빈터로 그분의 의자를 옮겼다. 의자 맞은편 걸상에는 넓고 납작한 쇠 냄비를 올려놓고, 거기에 버터기름을 붓고 중앙에는 심지를 꽂았다. 그 뒤에 우리는 열을 지어 앉았는데, 바가반의 오른쪽에는 남자들이, 왼쪽에는 여자들이 앉았다. 바가반의 앞쪽 공간은 꽃바구니들뿐 아니라 온갖 종류의 사탕들과 다른 준비물들이 담긴 그릇들로 채워진다. 헌신자들이 가져온 버터기름이 불을 밝히기 위해 냄비에 부어졌고, 냄비는 기름으로 흘러넘쳤다. 그 뒤 장뇌가 심지 위에 놓였다. 향을 피우자 향기가 사방으로 퍼지면서 성스러운 분위기를 자아냈다. 바가반은 의자에 앉아서 사랑의 눈길로 모든 헌신자들을 바라보며, 가까이 있는 사람들에게 빛의 축제의 의미에 대해 들려주었다. 그분은 또 빛이 밝혀질 꼭대기의 정확한 지점을 손가락으로 가리켰다. 모두들 신성한 성화가 산꼭대기에서 밝혀지기를 간절히 기다리고 있었다. 그분의 눈길이 산꼭대기에 집중되어 있는 동안, 우리의 눈길은 그분의 신성한 얼굴에 집중되어 있었다. 왜냐하면 그분의 얼굴이 바로 아루나찰라의 반영이었기 때문이다. 사원에서 폭죽을 터뜨리자, 산꼭대기에서 불빛이 나타났다. 즉시 바가반의 맞은편에 있는 아칸다 조티(영원한 불빛)에 불이 켜졌다. 브라민들이 일어나 "나 카르마나 나 프라자야다네나"라는 만트라를 암송하기 시작했고 장뇌에 불이 붙여졌다. 바가반이 작은 과일과 사탕 몇 개를 먹었으며 나머지는 헌신자들에게 분배되었다. 그 뒤 즉시 헌신자들은 두 무리로 나뉘어 찬가 악샤라마나말라이를 부르기 시작했다. 그 다음에는 "카루나푸라나 수다브데"로 시작하는 다섯 편의 스탄자를 처음에는 산스크리트로, 뒤에는 타밀어로 염송하였다. 바가반은 손으로 뺨을 받치는 특유의 자세를 하고 앉아 있었다. 그분의 얼굴은 마치 그분의 참나-깨달음과, 그분의 고요와 심오한 생각과 더불어 그 위에 반영된 것을 비추는 것 같았다. 달은 동쪽에서 떠올라, 마치 그분에게서 자신의 빛을 구하는 것처럼 그분에게 빛을 뿌렸다.

그때 슈리 라마나스라맘에서 진행한 축제와 현재의 축제를 비교해 보면 아무것도 변한 것이 없음을 알게 된다. 사실 슈리 바가반은 헌신자들의 가슴속에 거주하며 그분의 사랑하는 아루나찰라와 성화를 지켜보고 있다.

성화가 켜진 뒤 헌신자들은 기리프라닥쉬나를 시작한다. 어떤 헌신자들은 마음과 눈을 성화에 고정시킨 채 대중들과 함께 바깥쪽 길을 걷고, 어떤 이들은 아루나찰라와 함께 홀로 있기 위하여 안쪽 길로 간다. 그날 밤과 이어지는 밤들에, 성화는 보는 사람들에게 경이롭고 영원히 변치 않을 인상을 남긴다.

디팜은 7, 9, 11일 혹은 13일 동안 타오르며, 매일 저녁 6시경에 활활 타오르도록 버터기름을 부어 밤새 타오르게 한다. 이런 밤들에 기리프라닥쉬나를 하는 것은 진귀한 경험이다. 디팜은 몇 마일 밖에서도 볼 수 있다. 디팜에는 기이한 매력이 있다. 그것은 우리의 눈길을 고정시킨다. 그 빛에 주의를 고정시키고 아무 생각이 없이 천천히 아루나찰라 산 주위를 걷는 것은 비할 수 없는 독특한 경험이다. 그 헌신자에게는 이 우주에 어떤 것도 존재하지 않으며 별들도, 달도, 하늘도, 그 어느 것도 존재하지 않는다. 오직 아루나찰라뿐. 오직 신성한 성화와 아루나찰라만이 있다. 그는 이 둘 속으로 녹아든다.

아마도 이 현상을 목격하기 위하여, 아루나찰라 자신이 디팜 둘째 날에 직접 산 주위를 돈다. 그때는 동쪽과 서쪽 사원들에서 온 신들도 산 둘레를 도는 행렬에 참여한다. 신들은 헌신자들이 마땅히 드리는 경배를 받아들인다.

이것이 영광스러운 디팜 축제이다.

13
만물은 아루나찰라를 경배한다

　그날은 이른 여름 아침이었다. 향기로운 물과 꽃들로 아루나찰라에 경배한 뒤, 한 헌신자는 그의 봉헌에 자랑스러움을 느끼면서 신을 돌고 있었다. 그때 갑자기 숲이 나타났다. 나무들, 식물들, 관목들로 가득 찬 이 숲은 다양한 색깔의 꽃들로 흐드러지게 뒤덮여 있어 마치 자연이 신성한 신에게 꽃다발을 바치는 것 같았다. 그의 자랑은 사라졌다. 위대한 시인 갸나삼반다르가 그의 시들에서 언급한 것처럼 새들, 동물들, 식물들과 모든 자연은 저마다의 방식으로 아루나찰라를 숭배하고 있다.

　산봉우리에 모인 구름들은 아루나찰라에 빗방울을 뿌린다. 이 빗방울들은 폭포로 모여 산 아래로 떨어지며 그분을 껴안는다. 소들은 그분의 발치에서 비를 피한다. 바나나는 경배하는 자세로 서서 그분께 아낌없이 열매를 바친다. 사슴, 곰 그리고 코끼리들은 사이좋게 함께 와서 그분께 사랑을 바친다. 그분의 둘레에 자리한 연못들, 저수지들, 호수들과 폭포들은 그분의 모습을 비추고 있다. 이처럼 헤아릴 수 없이 많은 헌신자들 사이에서 태양과 달, 별들은 고요히 그분을 숭배한다.

산의 네 방향에는 인드라와 다른 신들이 그분을 숭배하고 있다. 그분 둘레에는 그분의 자비로운 현존의 은총을 입는 과수원들과 논밭, 목초지들이 있다. 새들은 그들의 소박한 봉헌물인 꽃가루와 잔가지들을 바친다.

이곳에 사는 칸나파 나야나르 같은 오래된 부족민에게는 나름의 숭배 방식이 있다. 그들은 카르티카이 축제 동안 산 위로 큰 가마솥을 나른다. 이것은 그들만이 지니고 있는 특권이다.

이 지역의 옹기장이 공동체는 아디 달(7월 15일~8월 15일) 푸람 별의 날에 벌건 숯 위를 걷는 특권을 가지고 있다. 이날에 그들은 단식을 하고 사원의 저수지에서 목욕을 한 뒤, 노란 옷으로 갈아 입고 사원에 들어간다. 사원 관계자들이 그들에게 화환을 걸어 주면, 그들은 마음과 가슴을 온전히 아루나찰라에게 집중하여 그분께 경배하고, 벌건 숯이 깔려 있는 곳으로 걸어 들어간다. 이 부족민들에게 주어진 이러한 특권은 신성한 이곳에서 볼 수 있는 특별한 행사이다.

그들의 신을 목욕시키고 옷 입히고 장식하는 것이 의무인 아루나찰레스와라 사원의 사제들은 진실로 특혜 받은 사람들이다. 목에 루드락샤 화환을 걸치고 몸에는 신성한 재를 바른 채

당당하게 걷는 그들의 모습은 인상적인 광경이다. 타고난 특권인 이 영광에 자긍심을 느끼는 그들은 자신들이 엄격하고 정성 들여 따르는 이 숭배 의식에 어떠한 변화도 허용하지 않을 것이다. 그들은 어느 누구에게도 허리를 굽히지 않으며 어느 누구도 두려워하지 않는다. 신에 대한 끝없는 사랑과 사랑하는 아루나찰라를 만지고 숭배할 수 있는 특권으로 그들은 한 치의 어긋남이나 미숙함도 없이 그분을 섬긴다. 그들의 말은 실현된다. 그들의 행위는 결실을 맺는다. 사원 축제의 날짜와 시간을 정하고 축제들이 순조롭게 진행되도록 감독하는 것은 그들이다.

아루나찰라의 위대한 헌신자였던 한 사제의 이야기가 있다. 예전에 그는 축제 행렬의 시작에 길한 시간을 정하였다. 그 시간이 길하지 않음을 발견한 몇몇 사람들이 머뭇거리며 사제에게 이깃을 알렸다. 그는 그 시간을 정한 것은 자신이 아니라 아루나찰레스와라 그분 자신이라고 말하면서 시간 변경을 거절한다. 관계자들은 염려스러웠지만 사제의 말에 동의한다. 그러나 모든 이들을 기쁘게 하기 위하여 사원의 차량은 평소보다 상당히 이른 시간에 제자리로 안전하게 돌아왔다. 어떤 사제는 아루나찰라의 동굴에서 명상하기 위하여 사원에서 맡은 임무를 포기하였다. 그는 카팔라 목샴(사하스라라 차크라를 통한 해방)에 이르렀다.

축제 기간에 우차바무르티(축제용 신상)를 어깨 위에 메고 운반하는 사람들도 존경받을 만하다. 이것은 쉬운 일이 아니다.

그러나 그들은 사랑으로 그분을 나르고 음악에 맞추어 그분을 흔듦으로써 구경꾼들을 감동시킨다.

이제까지 우리는 어떻게 아루나찰라가 새들과 벌들, 식물들과 동물들 그리고 인간들에게 숭배를 받는지를 보았다.

계절들은 어떤가? 아루나찰라 가까이에 사는 사람들은 그분이 계절에 따라 변하면서 원시적인 아름다움의 영원한 파노라마를 드러내는 것을 본다.

봄에는 온통 초록빛이다. 여름에는 초록 외투를 벗어 던지고, 붉게 타오르는 링가가 된다. 비가 많이 오는 계절에는 부드러운 촉감의 구름들로 된 아름다운 솜털 목도리를 걸친다. 또 그분은 알록달록한 빛깔의 외투를 입고 있으며, 그분의 비탈에 흘러내리는 폭포들은 은색 리본처럼 빛난다. 저수지와 웅덩이들은 햇빛을 받아 반짝거린다. 그분은 실로 장려한 모습을 보여 준다. 비가 그치고 겨울이 오면, 산의 윗부분은 피어오르는 안개로 감싸인다. 햇살이 닿으면 그곳은 이 세상 것이 아닌 듯한 색채들로 빛나며 보는 사람들을 경탄하게 한다. 사원 안에 있는 아루나찰레스와라가 북소리와 타오르는 횃불로 경배를 받듯이, 아루나찰라 산도 자신의 북소리와 타오르는 횃불이 있으니 천둥과 번개가 그것이다. 겨울에는 사원의 고푸람 아랫부분에 안개가 깔리는데, 그럴 때면 사원이 카일라사 산에 있는 것처럼 상상이 되기도 한다. 그 풍경은 보는 사람에게 생각에서 벗어나도록 재촉하는 것 같다. 엷은 안개에 감싸인 고푸람들 위로 떨어지는 햇살은 보는 이를 매료시킨다. 여름이 시작되면 산은 여기저기 꽃들로 뒤덮인다. 그분은 초록과 갖가지 빛깔들을 입고 서 있으며, 온 자연은 그분을 아름답게 꾸미기에 여념이 없다.

그분 앞에 서서, 그분이 비탈에 낀 작은 이끼들이건 타오르는 여름 태양이건 모든 생명에게 동등하게 은총을 베푸는 것을 본다. 사랑과 경배에 응하기 위해 쇄도하는 자비심을 본다. 넉넉하여 모자람이 없음을 느낀다.

14
티루반나말라이의 역사

남인도의 왕들은 대대로 티루반나말라이와 아루나찰라 사원을 매우 중요하게 여겼다. 이 왕들은 천년에 걸쳐 프라카람들, 외부 사원들 및 고푸람들을 짓고 담을 세우고 웅덩이를 파고 보석을 바쳤으며, 사원의 토지를 유지하도록 황금을 기부하였다. 라자 라자 촐라, 라젠드라 촐라, 하리하라, 부카, 크리슈나 데바라야 같은 역사적으로 유명한 왕들은 물론이고 체라, 촐라, 팔라바, 판디야, 라슈트라쿠타, 호이살라, 라야와 나이크 왕조들도 티루반나말라이가 그들의 왕국에 속한다는 점을 자랑스러워하였다. 그 가운데 몇몇 왕들은 티루반나말라이를 수도로 삼기도 하였다. 비록 정치적인 위기를 맞고 전쟁을 하기도 하였지만, 그들은 티루반나말라이가 자신들에게 절대적으로 중요하다고 여겼기에 계속 지키고자 하였다.

티루반나말라이와 아루나찰레스와라 사원에 관한 역사적인 세부 사실들은 프라카람 담장에 있는 암석 비문과 구리 금속판을 통해 알 수 있다. 이 비문들은 서기 750년으로부터 시작하여 약 천 년에 걸친 기간을 언급하고 있다. 이 암석 비문들을 연구한 초기 고고학적 발견에 따르면, 아루나찰라의 위대함이 왕들에게 알려진 것은 테바람이나 티루바차캄 같은 영적 작품들을 통해서였다고 한다.

우리는 티루반나말라이가 심지어 고대 시대부터 역사적, 영적으로 유명했음을 알게 된다. 또 우리는 아파르, 마니카바차카르, 갸나삼반다르와 같은 이들이 이곳을 방문하였을 때는 사원이 작았다는 것을 짐작할 수 있다. 테바람과 티루바차캄을 읽고서 아루나찰레스와라의 위대한 영광에 관해 알게 된 왕들은 사원을 확장하고 아름답게 꾸미기 시작하였다. 우리는 이처럼 사원에 이바지한 네 명의 위대한 쉐이바이트(쉬바 파) 학자들, 왕들, 왕비들, 족장들에게 은혜를 입고 있다. 아루나찰레스와라에 대한 그들의 신심과 헌신은 대단하였다.

왕들은 대를 이어 사원과 주변 지역 및 도시를 세우고 보존하였다. 산스크리트와 타밀어로 새겨진 석판과 동판들이 많이 발견되었으며, 이것들은 사원의 역사에 관한 세부 사실들을 전하고 있다. 이 비문들은 또한 당시의 경제적 · 사회적 변화들과, 왕들이 사원에 크게 이바지한 일들을 말해 주고 있다.

티루반나말라이는 옛날에는 티루 안나 나두라는 이름으로

알려졌으며, 그곳을 다스리는 신은 티루 안나 나투 마하데반이라고 알려져 있었다. 이 지역은 톤다이 만달람으로 불렸고, 팔라바 왕조가 통치하였다. 다음에는 라슈트라쿠타 왕조가 다스리게 되었는데, 이 왕조의 크리슈나 3세는 서기 10세기에 사원을 대대적으로 보수하였다. 그 뒤에는 카다바라야, 바나스 그리고 삼부바 라야 같은 족장들이 이 지역을 다스렸다. 13세기에서 14세기까지는 판디아 왕들이 그곳을 통치하였다. 그리고 호이살라들에 이른다. 그들은 주권과 통치권을 확립하기 위하여 다른 왕들과 전쟁을 치르는 동안에 티루반나말라이를 수도로 삼았다. 호이살라 왕조의 뒤를 이은 비자야나가르 왕들은 사원의 숭배와 다른 필수품들을 위하여 막대한 돈을 사용하였다. 쉐이바 엘라파 나발라르 같은 시인들은, 비자야나가르 왕조 이후 이곳을 지배하며 사원에 크게 공헌한 탄조레의 나이케르 왕들을 칭송하는 시들을 남겼다.

 지성소는 서기 750년에 아디트야 촐라 3세에 의해, 서기 10세기경에는 파란다카 촐라 1세에 의해 새롭게 단장되었다.

 사원의 구조를 전반적으로 관찰해 보면, 내부 테두리에는 다섯 개의 작은 고푸람이 있고, 바깥 테두리에는 네 개의 큰 고푸람이 있음을 알아차리게 된다. 안쪽의 고푸람은 키티(작은) 고푸람이라 한다. 동쪽에 두 개의 고푸람이 있으며, 나머지 세 방향에 하나씩 고푸람이 있다. 동쪽에 있는 두 개의 고푸람 중 첫째의 것을 킬리 고푸람이라 한다. 여러 증거들을 종합해 보면 이 고푸람은 11세기에 만들어진 것으로 추정된다. 이 시기에 만들어진 고푸람들은 5층을 넘지 않는다. 킬리 고푸람은 서기 1063년경 비라 라젠드라 촐라가 건축하였다. 비문은 그를 마하라자 트리부바나 차크라바르티갈이라 칭한다. 고푸람에도 이 이름이 붙여졌다. 작은 고푸람들은, 서쪽 고푸람의 윗부분만 제외하고, 모두 호이살라 왕인 발랄라 마하라자 3세가 건축하였다. 동쪽에 있는 가장 큰 키티 고푸람에 그의 이름이 붙여졌다.

   이제 바깥에 있는 고푸람들을 보자. 역사가들은 서쪽 고푸람이 가장 오래되었다고 말한다. 토대는 발랄라 마하라자가 세웠다. 고푸람의 윗부분은 후세 양식에 속한다. 비문에는 이 고푸람을 비자야나가르 왕조의 크리슈나 데바라야 왕이 지었다고 쓰여 있다. 이 왕은 사원의 주요 건축 작업을 수행하였다. 다른 세 고푸람들의 토대도 그가 만들었다고 전해진다. 그러나 이 시기의 건축 양식에 속하는 것은 서쪽 고푸람의 토대뿐이다. 다른 토대들은 더 웅장한 양식으로 지어졌다. 서쪽 고푸람의 토대가 처음 만들어졌고, 남쪽과 동쪽, 북쪽의 토대들은 나중에 건축된 것으로 보인다. 라자 고푸람이라고 알려진 동쪽 고푸람이 더 오래된 것처럼 보이지만 사실은 서쪽 고푸람보다 뒤에 건축되었다. 이 고푸람은 크리슈나 데바라야 왕이 건축하였으며, 탄조르의 세브파 나이케르 왕이 나중에 보수하였다. 세브파 나이케르 왕이 모두 건축했다는 견해도 있다. 서기 1690년에 새겨진 서쪽 고푸람의 타밀어와 산스크리트 비문이 이를 입증한다고 한다.

비자야나가르 왕조의 크리슈나 데바라야 왕은 사원 안에 백 개의 기둥이 있는 홀과 천 개의 기둥이 있는 홀도 지었다. 그는 천 개의 기둥이 있는 홀 앞에 쉬바강가이 티르탐을 팠다. 앞서 언급하였듯이, 그는 세 고푸람들의 토대를 세웠으며, 11층으로 된 동쪽의 라자 고푸람을 짓기 시작했거나 완성하였다.

위에서 말한 모든 왕들과 더불어 카다바 라야, 삼부바라야, 바나스 같은 족장들은 아루나찰레스와라 사원 내부뿐 아니라 산 주위와 도시의 다른 곳에 작은 사원들을 지음으로써 아루나찰레스와라에 대한 그들의 헌신을 표현하였다. 이 지역에 있는 많은 연못들도 이 왕들이 팠다고 한다.

이 도시와 사원을 방문하는 헌신자들에게, 그곳의 웅장한 건축과 아름다운 조각품, 그곳의 풍요로운 땅과 연못들, 그곳의 보석과 장식품들, 비각들, 아루나찰레스와라의 영광을 칭송하는 풍부한 문학은 신이 수세기에 걸쳐 왕과 평민들의 마음을 움직였다는 빛나는 증거이다. 비평가들은 건축 양식이 조화롭지 못하다며 이의를 제기할지 모른다. 그러나 거기에는 이 사원과 도시를 건축한 건축가들의 헌신과 경건이라는 조화, 더 훌륭하고 더 장엄한 조화가 있다.

사람들이 사원 안에서 느끼는 감동과 사원의 분위기는 형언할 수 없다. 사원의 크고 육중한 고푸람과 홀들을 건축하고 보수한 왕들의 다양한 건축양식들, 여기에 머물며 신을 찬양하던 위대한 성자들의 살아 있는 현존, 특히 아루나찰라의 끝없는 자비와 은총은 이 성스럽고도 성스러운 장소들에 영원성을 주고 있다.

15

지질적으로 낙원인 아루나찰라

　1970년대에 한 지질학자 집단이 남인도 타밀나두 주의 중부와 북부의 지질에 대해 자세한 연구를 하였다. 그들은 당시 북부와 남부 아르코트 지역에 속하던 만 평방킬로미터의 땅을 조사하였다. 현장 조사와 실험실 연구를 병행한 바에 의하면, 이 암석 지대에서 복합 구조적, 동질 이상적 사상(事象)들이라는 복잡한 역사가 있었음이 판독되었다. 이 연구에 기초하여 지층의 기록, 지진 등과 같은 지각 변동, 화성암의 냉각 과정, 변성 작용 그리고 광화 작용 등이 연대기적으로 배열되었다.

　앞으로 더 나아가기 전에, 우리의 은하계와 지구에 관해 간략히 언급하는 편이 좋을 것 같다. 우리의 은하계는 중력으로 묶여 회전하는 수백 개의 밝은 별들이 모인 것이다. 우주에는 수십억이나 되는 이런 은하계들이 있으며, 인간의 두뇌는 아직 우주의 경계에 도달할 수 있는 전파 망원경을 고안해 내지 못하고 있다. 은하계는 별들의 무리일 뿐만 아니라, 그 안에는 별들의 먼지, 무선 신호들의 강한 원천인 퀘이사들과 펄서들, 그리고 초신성(超新星)의 폭발 후에 별들에 의하여 만들어진 블랙홀들이 있다. 우리 은하계의 중앙 다발은 붉은 색을 띠는 오래된 별들의 빛으로 빛난다. 별들의 주요 구성 성분으로서 우리 은하계의 나선형 팔 안에서 응축되고 있는 가스와 먼지는 심지어 지금도 새로운 별들을 만들고 있다. 그 나선형 팔들 중 하나에 속하는 우리의 오래된 태양은 은하계 중심을 초속 220킬로미터로 여행하여 매 2억 3천만 년마다 한 바퀴씩 돈다. 새로운 증거에 의하면, 이 원반형의 은하면은 중력이 엄청나고 블랙홀이라 불리는 어두운 미지의 물체와 매우 오래된 별들의 거대한 후광으로 감싸여 있다고 한다. 우주의 나이는 15조(15×10^{12}) 년으로 추정된다.

우리의 지구 행성과 태양계의 다른 행성들은 아마도 태양의 중력장 안에 들어와서 태양으로부터 거대한 양의 가스와 먼지를 끌어당긴 떠돌이별에 의해 46억 년 전에 창조되었을 것이다. 냉각 물질로부터 응축된 여러 물질들이 충돌하고 뭉쳐져서 행성들, 위성들, 혜성들, 소행성들, 운석들, 먼지와 가스를 형성하며 태양 주위를 선회하기 시작하였다. 태양계의 거의 모든 구성원들이 대부분 거의 같은 방향으로 공전하고 시계 반대 방향으로 자전하면서 태양 둘레를 돌고 있다는 사실로 미루어 볼 때 그것들 모두는 거의 동시에 형성되었을 것이다. 따라서 태양계의 여러 부분들은 나이가 같을 것이며, 달의 암석들과 지구의 표면의 나이도 45억 년으로 계산되었다.

지구의 액체 덩어리가 응축되어 암석이 되었다. 가장 초기의 것으로 알려진 암석층은 약 38억 년 전인 시생대에 형성되었다. 이 최초의 암석층은 캘커타의 창시자인 조브 차르녹크를 기리기 위하여 차르녹키테로 불리게 되었다. 그의 묘비는 이 돌로 만들어졌다.

대륙의 이동

바다 밑바닥의 확장에 관한 이론과 지각의 표층이 판상(板狀)을 이루어 움직이고 있다는 이론이 널리 받아들여지기 이전에도, 대륙 지질학 연구는 대륙들이 예전에는 하나의 거대한 땅덩어리였으며 오래된 초대륙인 판게아(Pangea)를 이루고 있었다고 주장하였다. 시간의 경과에 따라 이 거대한 땅덩어리는 여러 부분으로 나뉘어 이동하기 시작하였으며 현재의 대륙들을 형성하였다고 한다. 지금은 서로 멀리 떨어져 있는 대륙들, 예를 들어 남아메리카와 아프리카, 아프리카와 인도 및 그 사이의 마다가스카르, 인도와 오스트레일리아 그리고 남극대륙을 합치면 서로 잘 맞춰지는 것으로 보인다. 두 대륙들에 있는 암석들에서 측정한 자극(磁極) 위치 연구에 의하면, 두 대륙 간에 상대 운동이 있음이 관찰되었다고 한다. 또한 지질 구조와 암석층, 특히 차르녹키테 암석층은 이 대륙들을 함께 맞추었을 때 하나의 단일 덩어리로 꼭 들어맞는 것처럼 보인다. 가설상 고생대 말기의 남반구 대륙인 곤드와나에 속하는 특정 식물군과 동물군의 분포뿐만 아니라 고대 기후대는 대륙 이동 이론이 인정되지 않는다면 만족스럽게 설명될 수 없었다. 이동의 유형은 곤드와나 대륙 즉 초대륙 판게아의 분열 기간인 지난 2억 년 동안의 것만 상세히 알려져 있다. 이것은 약 3억 5천만 년 전에 일어난 대륙 운동의 수렴이다.

티루반나말라이에서 빌루푸람까지의 구역은 차르녹키테의 다양한 혼성 단계들(티루반나말라이의 것은 25억 5천만 년 전으로 추정)과 진지(Gingee) 심성암층(25억 년 전으로 추정)에서 정점에 이른 관련 물질들이 포함되어 있다.

1970년대에 티루반나말라이에서 행해진 연구들을 통해 수집된 증거들은 차르녹키테 층과 30~35억 년 이전의 관련 암석군들에 대한 정보를 제공한다. 차르녹키테의 혼성 과정에서 설명하였듯이 이 지역의 암석층과 단계별 관련 암석군은 화강암 구조를 구성하는 진지 심성암에서 정점에 도달하였다.•

세계의 산들, 특히 인도와 관련한 산맥들에 대한 자세한 연구는 다음의 특징들을 보여 준다. 세계의 유명한 산맥들, 즉 알프스, 로키, 안데스, 히말라야, 애팔래치아 산맥들은 정상의 고도는 매우 높지만 지질 연대학적으로는 시생대에 들지 않으며 더 젊은 나이에 속한다는 것이다.

히말라야의 융기는 계속적 과정이 아니라 네 단계 즉 네 과정을 거쳐 일어났다. 에베레스트 산과 카일라사 산을 포함하여 히말라야 산맥은 5천만 년이 안되지만, 신성한 아루나찰라 산의 융기는 단 한 단계에 이루어졌다.

티루반나말라이 산은 해발 2,634피트 높이의 눈에 띄는 경계표이며, 티루반나말라이의 서쪽과 남서쪽 방향에서 뚜렷이 보이는 산들 가운데 가장 높은 봉우리이다. 이와 반대로 티루반나말라이의 동쪽과 남동쪽 부분은 몇몇 낮은 산들과 야산들이 점점이 흩어져 있으며 부드럽게 굴곡진 평원 지대이다.

또한 다른 산악 지대들 가운데 티루반나말라이를 포함한 남인도의 데칸 고원은 거의 또는 전혀 구조적 변화를 겪지 않은 지역 가운데 하나로 보인다. 지진학적으로 볼 때 이 지대는 오랜 세월을 거치는 동안에도 특성들이 급격히 변화하지 않았다고 한다.

기록된 역사에 의하면, 강들의 시작과 흐름, 호모사피엔스, 식물군과 동물군은 지질 연대학적으로 훨씬 뒤에 발달한다.

위에서 살펴본 바에 의하면, 신성한 아루나찰라 산 또는 티루반나말라이는 에베레스트 산이나 카일라사 산이 있는 히말라야 산맥보다 오래되었다. 따라서 세계에서 가장 오래된 자연 성지임이 분명하다.

시간의 파괴를 견디어 낸 이 영적 중심은 최근에 무차별적인 인간의 활동에 의해 더럽혀졌다. 효과적인 조치를 취함으로써 더 이상 손상되지 않도록 막는 것은 우리의 신성한 의무이다.

  이 지대의 지질학적 고대 유물은 다른 지질학적 진행 과정들과 함께 남부 반도의 순상지에 있는 지구의 이 부분이 시생대 지대의 지도 작성을 위한 전형적인 유형으로서 열려 있었음을 보여 준다. 사실 유망한 지질학자들을 양성하기 위한 현지 훈련 캠프들이 이 고전적 형태의 지질을 연구하기 위해 매년 티루반나말라이에 설치된다. 진화의 역사를 이해하고 해석하기 위한 연구를 위해 그처럼 고전적인 지역과 무수한 세부 사항들을 제공한 데 대해 지구 과학계가 '어머니 대지'에게 은혜를 입고 있다는 것은 새삼 강조할 필요가 없을 것이다.

  마니카바차카르는 그의 작품 중 하나에서 신을 "가장 오래된 것보다 더 오래된" 그리고 "가장 최근의 것보다 더 최근인"이라고 찬양한다. 심지어 지질학자들조차도 아루나찰라를 지구의 낙원과 경이로 간주한다. 이 장의 목적은 독자들로 하여금 아루나찰라의 독특한 지질학적 측면에 관심을 갖도록 하려는 것이다. 그래서 불가피하게 전문적인 용어들을 사용하지 않을 수 없었다.

16
아루나찰라의 숭배

한번은 아루나찰라의 한 헌신자가 다른 헌신자에게 어떻게 신 아루나찰라를 숭배하는지를 물었다. 그는 꽃으로 경배한다고 대답하였다. 질문을 한 헌신자는 자기는 꽃을 바치는 대신 숲속의 나무들을 쓰러뜨려 그것들을 바친다고 말하였다. 다른 헌신자의 놀라워하는 얼굴 표정을 보고서 그 헌신자는 순전히 마음속에서 그렇게 한다고 설명하였다. "정 그렇다면, 온 우주를 그분께 바치지 그러십니까?"라고 다른 헌신자가 되물었다.

신의 은총을 받아들인 사람들은 옛 현자들의 전례를 따라 꽃과 물을 봉헌함으로써 신을 숭배한다. 성자 티루물라르는 나뭇잎 하나만으로도 신을 숭배할 수 있다고 말하였다. 꽃과 물은 순수해서 숭배의 봉헌물로 적당하다. 다른 것들은 우리의 지식 없이는 오염되기 쉽다.

신은 비단과 보석을 요구하지 않는다. 그분은 당신이 길가에서 뜯었을 들꽃도 기쁘게 받아들인다. 그렇다고 해도 헌신자들은 그분에 대한 사랑을 한껏 즐기고 싶어 한다. 마치 어머니가 아이를 예쁜 옷과 꽃, 아름다운 장식품들로 치장하고 싶어 하듯이, 숭배자는 그분에게 모든 아름답고 귀중한 것을 바치고 싶어 한다. 그는 신을 향기로운 물로 씻고, 고운 비단옷을 입히고, 그분의 이마에 다이아몬드를 달고, 그분 앞에서 향을 피우고, 그분에게 달콤한 과자와 과일과 꽃들을 바친다. 헌신이 가슴에 녹아든 그는 그분의 사원을 청소하거나 사원에 있는 그분의 링가 형상 혹은 산 둘레를 돎으로써 그분을 숭배한다. 어떤 사람들은 산속 동굴에서 그분을 명상한다. 다른 이들은 그분의 형상을 생각 속에 확고하고 변함없이 지니고서 세속적인 의무들을 행한다.

이 모든 형태의 숭배의 목적은 숭배자가 오직 신에게만 마음을 온전히 집중하는 것이다. 종종 산만한 생각들과 반항적이며 성마른 감정들이 그를 방해할 수 있다. 이것들은 오직 그의 믿음을 시험하기 위해 주어지는 것이다. 신 아루나찰라를 사랑하는 이가 그분을 확고히 신뢰한다면, 그는 시험들을 무사히 통과할 것이며 사랑하는 주인의 은총을 얻는 데 성공할 것이다.

그분의 광채를 견고한 산의 모습 안에 숨기고 있는 빛기둥 아루나찰라는 숭배자들에게 링가로서, 그 다음에는 아루나기리 요기로서 자신을 드러냈다.

그리고 그분이 사랑, 자비, 헌신, 영적 지식과 희생의 화신인 인간의 모습으로, 지고의 존재의 구현으로서 우리와 함께 함은 얼마나 감동적인가! 우주의 창조 전체가 하나의 육체적 현현과 더불어 일어났다. 그분은 인간으로서 말하고 웃고, 모든 자연 법칙에 복종하면서 우리와 함께 살았다. 우리는 그분 안에서, 아루나찰라에 속하는 라마나, 아루나찰라와 하나가 된 라마나, 아루나찰라인 라마나를 본다. 제2부에서는 우리의 사랑하는 라마나에 대해 얘기할 것이다.

제 2 부

아루나찰라 라마나

1
귀향

앞에서 우리는 그들의 다양한 배경에 관계없이 아루나찰라가 여러 성자들의 삶에 준 깊은 인상을 보았다. 우리는 또한 어떻게 아루나찰라가 그들을 그분 자신에게로 이끌고 그들의 가슴을 정복하였는지를 보았다. 그러나 영혼의 해방자로서 그분의 위대함, 그분의 강력한 영향 그리고 그분의 끝없는 은총은 단지 몇몇 사람들에게만 알려져 있었다. 사람들은 대개 "아루나찰라를 생각만 해도 해방을 얻는다."라는 경전 말씀을 알고 있었다. 기리프라닥쉬나는 현자들과 요가 수행자들, 티루반나말라이와 인근에 사는 마을 사람들, 그리고 카르티카이 디팜 축제에 참여한 사람들에 의해서만 행하여졌다. 인도 전역의 산야신들 및 영적으로 큰 뜻을 품은 이들은 고행을 하기 위하여 멀리 카시, 바드리나트, 케다르나트 또는 히말라야의 오지

까지 여행을 하였다. 티루반나말라이와 최고의 영적 수행의 안식처로서 그곳의 역할을 알고 있었던 사람은 소수뿐이었으며, 그 중에서도 아루나찰라의 은혜로운 현존 안에서 직접 수행을 한 사람들의 수효는 더 적었다.

　베다 시대에 리쉬와 현자들은 우파니샤드들을 통해 밝혀진 아드바이타 진리의 지속적인 목격자들이었다. 그들은 영원한 희열을 누렸으며 자신들의 경험을 그들의 제자들에게 전수하였다. 그러나 신은 이러한 경향이 지속되는 것을 바라지 않았으며, 진리를 아는 자들의 수는 점점 줄어들었다.

　시간이 흘러감에 따라, 우파니샤드의 진리들은 이론적인 지식에 지나지 않게 되었다. 이는 아드바이타 진리를 직접 체험함으로써 그 진리들을 권위 있고 확실하게 설명할 사람이 아무도 없었기 때문이다. 그리고 수 세기에 걸친 외국의 통치는 생활 방식을 급격히 바꾸어 버렸다. 우리의 옛 문헌에 담겨 있는 최고의 진리들을 읽는 사람은 거의 없었다. 만두키야, 비야사, 아슈타바크라, 사나트수자타, 리부, 가우다파다, 샹카라 등의 가르침은 이해하기 어려워졌다. 이것은 여러 의식들에 반영되어 있었지만, 그 진정한 의미는 실종되었고 의식들은 습관적인 관례로 전락해 버렸다. 오래되고 신성한 모든 것에 대한 냉소와 경멸은 그 당시의 유행이 되었다. 철학과 진정한 영성은 현대적인 지식인들과 고위 성직자들의 공격 목표였다. 불가지론이 점차 사회에 번지고 있었다. 진지한 진리의 구도자들은 연

장자나 사회로부터 진정한 안내를 받지 못한 채 버둥거렸다. 사회는 한편으로는 개화 반대론에 의해, 다른 한편으로는 서구적 생활 방식으로의 오도된 전향에 의해 찢겨지고 있었다. 인도 남부와 북부의 성자들이 본래의 영광으로 올바르게 복원시킨 박티 운동은 피로의 기미를 보이고 있었다. 옛 진리의 부흥을 진실로 바라던 교양인들과 어둠 속에서 길을 더듬고 있던 신앙인들은 그들을 확실히 이끌어 줄 수 있는 스승을 고통 속에서 찾고 있었다. 이때가 19세기의 상황이었다.

이러한 관점에는 또 하나의 측면이 있다. 박티 운동은 부단히 이어지고 있었다. 매 세기마다 성자와 현자들이 인도의 거의 모든 지역에서 출현하여 헌신의 길을 분명히 보여 주었다. 때때로 위대한 영적 거인들이 나타났는데, 몇 명만 이름을 들어 보자면, 아디 샹카라, 냐얀마르와 알와르들, 라마누자, 마드바, 구루 나낙, 갸네쉬와르, 투카람, 미라바이, 라마다스, 사다쉬바 브라멘드라, 슈리 라마크리슈나와 비베카난다 등이 그들이다. 위의 현자들 중 몇몇은 아드바이타의 원리도 옹호하였다. 결국 갸나(지식)와 박티(헌신)는 분리된 것이 아니라 하나이며 동일한 것이다. 이러한 빛나는 위대한 지도자들은 신에 대한 헌신과 덕행이 중요하다고 강조하였다. 그들은 사람들의 믿음을 새롭게 하고 고대의 가르침에 대한 신뢰를 회복하는 데 적지 않은 공헌을 했다. 슈리 라마크리슈나 파라마함사(1836~1886)는 진정한 지식의 길을 열었으며, 구도자들에게 수행을 하는 동안 얻을 수 있는 초능력과 환상, 힘들은 그들이 선택한 바른 길에서 벗어나게 할 뿐이므로 그것들을 피하라고 경고했다. 슈리 라마크리슈나는 이처럼 신과 결합할 수 있는 유일한 수단으로서 믿음과 진정한 헌신을 강조하였으며, 또한 갸나와 박티의 길은 하나이며 동일한 것이라는 것을 보여 주었다. 스와미 비베카난다(1863~1902)는 슈리 라마크리슈나의 가르침을 전 세계에 퍼뜨렸다. 어떤 의미에서 스와미 비베카난다는 인도인들로 하여금 그들의 종교와 문화가 온 인류에 빛을 밝힐 횃불로 쓰이기에 충분한 깊이와 생명력을 지녔음을 자각하도록 기여한 기폭제였다.

가장 위대한 사건은 아직 일어나지 않은 상태였다. 인류는 베다 시대 이래 그 동안 출현한 모든 성자와 현자들의 모든 자질을 자신 안에 겸비한 사람을 몹시 필요로 하였다. 그분은 참나 실현으로 가는 길을 궁극적이고 절대적인 권위로 증명하기 위하여 사람의 모습으로 나타나야만 하였다. 그 시대가 필요로 한 스승은 늘 현존하고, 쉽사리 접근할 수 있고, 늘 바르게 인도하며, 육체적 수준과 영적인 수준에서 항상 만날 수 있는 스승이어야 하였다. 그 스승은 시공간의 한계들을 초월하면서도 현대에 알맞은 분이어야 했으며, 창조 이래 인류가 이루고자 하였던 모든 이상들의 구현이어야 했고, 인류를 그분 자신의 수준으로 끌어올릴 수 있는 삿구루(진정한 스승), 가장 자비로운 스승이어야 했다. 당시에 절실히 필요한 것은 진정 이 스승이었다. 희망과 절망, 고통과 쾌락을 되풀이하며 삶과 죽음의 윤회 속에서 길을 잃은 몇몇 진지한 영혼들은 진정한 스승에 대한 실낱같은 희망을 품기 시작하였다. 그 스승은 그들을 "어둠에서 빛으로, 거짓에서 진리로, 죽음에서 영원으로" 확실히 이끌 수 있는 분이어야 하였다.

그들은 1879년 12월 30일 이른 시각에 쉬바의 땅, 남인도의 외딴 마을에서 한 남자아이가 태어날 때까지 기다려야 하였다. 그 아이에게 벤카타라만이라는 이름이 주어졌다. 그분은 무럭무럭 자랐고 공부했으며, 그분이 하도록 정해진 일은 무엇이든 하였다. 아루나찰라와 하나라는 그분의 진정한 정체성을 깨닫는 날까지. 어린 라마나는 아루나찰라 크셰트람(땅, 사원)으로 귀향하였다. 그분은 인류의 운명의 진로를 영원히 바꾸어 버릴 것이었다.

앞으로의 페이지에서 우리는 사람들의 눈물을 자아내게 하는 숭고한 이야기들을 자세히 말할 것이다.

1895년 11월 어느 날, 당시 마두라이에 살고 있던 15살 소년 벤카타라만은 집을 방문한 손님들 중 한 명이 아루나찰라로부터 방금 오는 길이라고 말하는 소리를 들었다. 그때는 누구도 아루나찰라는 이름이 벤카타라만에게 어떤 영향을 미칠지를 알지 못하였다. 왜냐하면 아루나찰라라는 이름이 끼친 영향은 매우 미묘하고 깊었기 때문이다. 오직 어린 벤카타라만만이 그 충격을 실감했을 것이다. 그는 영리하게도 다른 사람들에게는 이 사실을 숨겼음이 분명하다. 후에 그는 아루나찰라 파디감에서 "신이시여! 당신은 나를 몰래 데리고 가서 당신의 발밑에 머물게 하셨습니다."(5연)라고 말한다. 그리고 다시 아루나찰라 악샤라마나말라이에서는 "오, 아루나찰라여! 아무도 모르게 저의 마음을 마비시켜 저를 황홀케 한 자가 누구였습니까?"(89연)라고 묻는다.

타밀 문학에서 연인들에 대하여 쓸 때, 시인들은 남자가 어떻게 연인을 훔쳐 자신의 거처로 데려가는지를 묘사한다. 그들은 "칼라비닐 코나르탈"이라는 구절을 사용한다. 바가반도 이 구절을 사용하였다. 아루나찰라가 바가반을 자신의 것으로 주장했을 때 슈리 바가반이 틀림없이 느꼈을 강렬한 감정을 모두 표현하는 데 있어서 언어는 불충분한 도구였을 것임에 분명하다.

라마나와 아루나찰라 사이의 이끌림은 티루출리에서의 어린 시절로 거슬러 올라갈 수 있다. 어린 벤카타라만이 아루나찰라에 대해 느낀 매력은 잠복된 상태로 있었는데, 여기에 필요하였던 방아쇠를 어느 친척이 제공하였다. 그 이름이 젊은이의 마음에 일으킨 폭풍은 어느 누구도 이해할 수 없는 것이었다. 실제로 이 지상에 있고, 갈 수 있고 그리고 오직 지고의 힘만이 다스리는 그러한 영원한 천국에 대한 생각들이 그를 가득 채웠다. 아루나찰라와 그분의 거처는 상상을 통해서만 도달할 수 있는, 멀리 떨어진 어떤 외계의 공간에 있는 것이 아니다. 영적으로 휴식할 수 있는 안식처, 신의 자비의 정수가 지금 여기에서도 가능하다. 어린 라마나는 이런 식으로 느꼈을 것이다.

1896년 7월 중순, 그는 자연스럽게 일어난 참나 깨달음을 가졌는데 그 일은 '첫 번째 죽음 체험'이라 불린다. 우리는 이 사건을 일어나게 한 환경에 대해 간략히 설명할 것이다.

어느 날 오후, 마두라이를 영원히 떠나기 약 6주 전쯤, 어린 벤카타라만은 삼촌 집에 홀로 앉아 있었는데 갑자기 극심한 죽음의 공포가 밀려왔다. 그 나이 대의 소년들이라면 당연히 이 일을 털어놓기 위해 어른이나 의사에게 달려갔을 것이다. 그러나 벤카타라만은 어느 누구에게도 의지하지 않았다. 그는 심지어 신이나 구루에게 기도하지도 않았다. 그만이 그 자신의 구루가 될 수 있다. 그는 그 문제에 대담하게 맞섰고 그 문제 속으로 뛰어들었다. 죽음이 일어나면 육체는 화장터로 실려 가겠지만 자신은 죽음과 탄생을 초월한 영이라는 것을 그는 생생하게 경험하였다. 이 경험은 완전하고 영원하였다. 이 경험을 하고 난 뒤 삶에 대한 그의 태도가 바뀌었다. 그는 겉으로는 평소처럼 생활하면서 공부하고 식사하는 척하였다. 이제 굴레에서 벗어난 그의 마음은 희열 속으로 깊이 파고들기 시작했으며 홀로 있는 시간을 찾기 시작하였다. 그러나 그의 변장은 윗사람들을 오랫동안 속이지 못하였다. 그들은 그가 건강한 보통 소년들과 달리 공부와 놀이, 여러 활동들에 무관심한 것을 알아차리기 시작하였다. 벤타카라만은 사랑하는 아루나찰라에 갈 수 있을 때까지 그런 활동들을 하는 척하였다. 아루나찰라가 그에게 기회를 제공하였다.

어느 날 그의 형은 너 같은 사람에게 이 모든 것들, 이 모든 공부가 다 무슨 소용이 있겠느냐며 그를 나무랐다. 형의 훈계 속에 담긴 진실을 깨달은 벤카타라만이 집을 떠난 것은 1896년 8월 29일이었다. 그는 아버지를 찾아 떠난다는 쪽지를 가족에게 남겼다. 그리고 좋은 모험에 투신했으니, 자신을 찾기 위해 돈이나 노력을 쓸 필요가 없다는 말을 덧붙였다. 이 이별의 쪽지를 남기고 그는 마두라이를 영원히 떠났다. 아루나찰라의 보이지 않는 손길이 소년을 목적지로 인도하였다. 그가 집을 떠나던 날, 아루나찰라는 벤카타라만을 위하여 열차를 기다리게 하였으며, 마울비(회교 승려)의 모습으로 나타나 그에게 길을 가르쳐 주었고, 아리야니날루르의 사원에서는 그분의 빛기둥을 보여 주었다.

이것은 많은 이들에게는 알려져 있지 않은 일인데, 그가 도착했을 때는 닫혀 있던 사원의 문들이 슈리 바가반이 들어갈 때 하나씩 저절로 열리기 시작했다. 그분은 그분의 집으로 온 것이다. 새들을 통해 나무 씨앗들이 뿌려질 때 숲을 돌보는 사람이 그것을 알아차리지 못하듯이, 인류 특히 티루반나말라이의 사람들은 1896년 9월의 1일에 그들 속으로 아루나기리 요기가 도착한 것을 알아차리지 못하였다.

바가반이 아루나찰라 산을 처음 보았을 때 어떻게 느꼈는지 누가 상상할 수 있겠는가? 정말이지 아무런 반응이 없었다. 왜냐하면 마두라이의 삼촌 집 이층에서 죽음을 경험한 그날 모든 반응이 그쳤기 때문이다. 그는 스스로 말한다.

"저는 여기에 왔고 보았으며, 당신께서 산으로 서 있는 것을 발견하였습니다. 그러나 누가 보는 자입니까 …… 그때 보는 자는 남아 있지 않았습니다. 내가 이것을 보았다고 말할, 혹은 심지어 내가 보지 않았다고 말할 수 있는 어떤 마음도 전혀 남아 있지 않았습니다."

그해 9월의 아침 그가 티루반나말라이에 도착한 일은 인류의 영적 진화에 있어서 중대한 사건이었다. 지극히 신성한 곳에서 '완전함'이 '완전함'과 결합한 것이었다. 라마나의 모든 활동은 아루나찰라에 모아졌다. 그는 아루나찰라가 그에게 준 끊임없는 희열, 즉 "그분이 그분 자신에게 주는" 희열에 깊이 잠겼다. 그는 사원에서 아루나찰라에게 자신을 바쳤다. 그 뒤로는 아루나찰라 신의 의지가 가라는 곳은 어디든지 갔다.

아루나찰라에서의 그의 삶을 이야기하는 동안, 첫째 시기에서 둘째 시기로, 그 뒤 셋째 시기로 서서히 넘어가는 것을 볼 수 있다. 사원 안에서 그리고 나중에는 구루무르탐에서 우리는 우파니샤드와 여러 경전들에 쓰여 있는 갸니(현자), 깨달은 존재, 아바두타(모든 것을 버린 자)의 상태에 대한 모든 묘사의 완벽한 실례를 그에게서 보게 된다. 이 첫째 시기 동안에 그의 몸은 움직이지 않고 있었다. 우리가 겉으로 보았을 때, 그는 외부 세계나 몸의 움직임을 알아차리지 못하는 채 움직임 없이 앉아 있었다. 그는 낮과 밤이 지나는 것이나 계절의 변화를 알지 못하였다. 심지어 그에게 밥을 먹이고 싶어 한 사람들이 전날 그의 입에 넣어 준 음식이 입 속에 그대로 남아 있어서 그를 돌보는 사람이 입 속에서 음식을 긁어내야 했다. 그의 상태가 이러하였기 때문에 신체의 자연적 기능조차도 최소한으로 축소되었다. 현자들의 역사 어디에서도 이처럼 집중할 수 있는 사람을 찾아보기는 힘들다. 그럼에도 그는 자기의 몸에 일어나는 일들을 알아차리고 있었다. 왜냐하면 몇 년 후에 그는 아루나찰라로부터 받은 첫 빅샤(구루나 산야신에게 음식을 드림)와 짓궂은 아이들의 방해, 그리고 사람들이 자기의 몸을 사원 구내 이곳저곳으로 옮겼음을 회상하였기 때문이다.

바가반에 대해 판단하려 할 때, 우리는 자기 마음의 틀에서 판단한다. 따라서 그러한 마음 집중과 외부 세계 행위들에 대한 인식이 동시에 가능할 수 있다고는 믿기 어려울 것이다. 라마나의 경우, 그는 행위자이자 목격자였다.

둘째 시기인 비루팍샤 동굴에서, 우리는 그가 아루나찰라와 하나 된 상태를 숭고한 찬가의 형태로 표현하는 것을 발견하게 된다. 각 찬가는 몇 가지 경우를 제외하고는 즉흥적으로 저절로 지어졌다. 이 찬가들에 대해 여러 가지 언어로 주석과 번역이 이루어졌다. 그 찬가들은 그대로도 좋지만, 찬가들의 진정

한 의미를 이해하려면 아루나찰라 라마나에 마음을 맞추어야 한다. 이 찬가들은 듣는 사람이나 독자들에게 개인적인 마음의 틀이나 수용 능력에 따라 다양한 경험을 불러일으켰다. 바가반으로서 내려온 아루나찰라의 주목적은 우리에게 즐거움을 주기 위한 것이라기보다는 오히려 고통의 즐거움을 발견하게 하려는 것이다. 사람들은 스승의 현존에도 불구하고 삶이 너무 힘들다고 느끼면 스승으로부터 도망친다. 그러나 헌신자들은 극도의 역경 속에서도 바가반과 아루나찰라에 매달리는데, 이것은 대단히 기이한 일이다. 고통이 심할수록 바가반에 대한 그들의 사랑과 헌신은 더욱 강렬해진다. 그분의 은총이 더 빨리 올 수 있도록 심지어 역경을 달라고 기도하는 헌신자들도 있다.

슈리 바가반이 지은 찬가들은 고통 받고 있는 마음에 완벽한 안내와 위안을 제공한다. 이 찬가들을 지을 때의 상황들은 감동적이다. 인류의 유익을 위하여 악샤라마나말라이를 지을 때, 바가반은 산 위를 걷고 있었는데 눈물을 흘리면서 2행시를 지었다 한다. 특히 제34연 즉 "당신이 저와 하나가 되지 못한다면, 저의 온 몸은 녹아 눈물이 되고 저는 파멸하고야 말 것입니다."를 쓸 때는 온 몸을 떨며 흐느껴 울었다고 한다.

이 찬가는 아름다움과 감미로움에 있어서 어느 성인이 어느 언어로 쓴 다른 어느 작품도 능가한다. 우리는 이 찬가에서 인간의 모든 감정과 사람의 마음을 초월하는 것들을 만나게 된다.

세상이 너무나 힘들다고 느낄 때, 우리는 이 찬가 속에서 위안을 찾을 수 있다. 우리의 마음이 복잡하여 괴로울 때, 우리는 바가반으로 인해 쉽게 아루나찰라에 매달리고, 그분에게 복종하고, 그분에게 자신을 바칠 수 있게 되었다. 그는 이 찬가들을 지을 필요도, 산 주위를 돌 필요도, 아루나찰라에 대한 깊은 사랑을 공개적으로 표현할 필요도 없었다. 그가 이 모든 행위를 한 까닭은 고통 받는 영혼들을 위해서였다. 그가 아루나찰라에게 구원자의 역할을 해 달라고 간청한 것은 우리를 위해서였다. 아루나찰라의 도움이 없으면 우리는 여린 포도 덩굴처럼 시들어 버릴 것이기 때문이다. 우리에 대한 그의 연민은 이러하다. 라마나는 아루나찰라가 완벽한 살인자라는 것을 우리에게 확신시킨다. 아루나찰라는 어떤 흔적도 남기지 않은 채 먹잇감을 통째로 삼켜 버린다. 그분이 은총의 그물을 던져 먹잇감을 사로잡으면 어디에도 벗어날 길이 없다. 라마나는 아루나찰라를, 그분이 사랑하는 헌신자들의 가슴에서 흘러나오는 감로, 은총의 바다라고 부른다. 사랑하는 이, 연인, 전사, 바가반을 이 세상으로 데리고 온 부모, 자비로운 신, 생명의 신, 자아의 파괴자, 진귀한 약, 이 모든 말들은 슈리 바가반이 아루나찰라를 묘사하기 위하여 그분에게 붙인 이름들이다.

아루나찰라 파디감의 마지막 스탄자에서, 바가반은 아루나찰라가 그를 좋아하여 그를 자신의 신으로 받아들인 많은 사람들의 자아를 파괴했다는 것을 알고 놀란다.

벤카타라만이 바가반 슈리 라마나 마하리쉬라는 이름을 받은 곳은 비루팍샤 동굴이었다. 위대한 산스크리트 학자이자 타파신(고행수행자)인 카브야칸타 가나파티 무니는 1908년에 비루팍샤 동굴에 왔다. 그는 어린 현자의 위대함과 경지를 알아볼 수 있었다.

셋째 시기에 바가반은 일정한 외적 행위들과 표현들을 통하여 그를 따르는 사람들을 인도하였다. 이해를 돕기 위하여 몇 가지 예를 들어 보겠다. 바가반은 글을 쓸 때마다 늘 글머리에 아루나찰람(아루나찰라)이라는 이름을 썼다. 한번은 T. N. 크리슈나스와미 박사에게, 우리가 몸을 우리 자신과 동일시하듯이 쉬바는 아루나찰라를 그분 자신과 동일시해 왔다고 말한 적이 있다. 아루나찰라 근처에서 수행을 하는 구도자들은 그분으로부터 안내를 받을 것이다. 그는 자주 말하기를, 모든 신성한 장소와 성소들은 다양한 신들의 거처일 뿐이지만, 아루나찰라는 지고의 신 자체이며 또한 아루나찰라의 둘레를 도는 것은 전능한 신을 직접 경배하는 것이라고 하였다.

비록 바가반이 아루나찰라의 헌신자의 역할을 맡아 아루나찰라를 칭송했지만, 우리는 바가반이 아루나찰라의 현현임을 간략하게나마 살펴보았다. 바가반은 완벽한 아드바이틴(불이론자)임에도 불구하고 완벽한 박타(헌신자)의 자질들도 보여 주었다. 사실 그는 갸나(지식)와 박티(헌신)를 구분하지 않는다. 그는 박티는 갸나 마타, 즉 갸나의 어머니라고 말하곤 하였다.

이제 우리는 슈리 바가반이 어떻게 다양한 방식으로 그분 자신을 나타내고 헌신자들에게 아루나찰나의 위대함을 보여 주었는지를 묘사할 것이다.

바가반의 모습으로 있는 아루나찰라 그 자신 외에 어느 누가 구도자들과 길 잃은 영혼들을 영원으로 이끄는 완벽한 스승이 될 수 있겠는가? 아득히 먼 옛날부터 베다들, 우파니샤드들, 푸라나들, 이티하사(힌두 서사시)들, 신들, 브라마와 비슈누, 샹카라와 같은 깨달은 이들, 가우타마와 수많은 다른 성인들, 갸니와 시인들이 아루나찰라를 노래하였지만, 오직 슈리 바가반만이 아루나찰라의 진정한 영광을 드러냈으며 그리고 가장 실제적인 길을 따라 인류를 안내할 수 있었다. 마나바시 같은 정직한 헌신자들이 간절히 신의 구원을 구할 때 그들에게 "희망은 있다. 그래, 희망은 있다."라고 확인한 이는 바가반 라마나로서의 신 아루나찰라였다. 질문들에 대한 대답으로 주어진 바가반의 이 확언은 특정한 상황 또는 어떤 특정한 사람에게만 해당하는 것이 아니라 전 인류에게 해당되는 것이다.

슈리 바가반은 어느 헌신자에게 "그대는 나의 형상을 보기를 원하였다. 그대는 내가 사라지는 것을 보았다. 나는 형상이 없다. 그러므로 그 경험은 정말로 진실한 진실일 것이다."라고 대답하였다. 이러한 권위로써 말할 수 있는 존재는 오직 신 아루나찰라뿐이다. 위대한 산스크리트 학자이자 고도로 진화된 영혼이었던 카브야칸타 가나파티 무니는 바가반이 스칸다(쉬바의 둘째 아들, 모든 지식의 힘을 주는 위대한 신)의 화신이라고 말하였다. 어떤 사람들은 그분을 닥쉬나무르티(침묵을 통해 제자들에게 진리를 직접적으로 전수하기 위하여 젊은이로 나타났던 쉬바)로 보았으며, 다른 사람들은 그분을 샹카라로 보았다. 그분을 카르티케야의 화신으로 숭배하는 사람들은 그분의 삶에서 일어난 일들과 그분의 말인 "아파부쿠 필라이 아다캄"(아버지와 합쳐진 아들)을 예로 드는데, 여기에서 아버지는 아루나찰라를 가리킨다. 슈리 나감마의 '라마나스라맘으로부터 온 편지'의 첫 번째 편지를 보라. 같은 책의 다른 곳에서는, 그분의 진정한 정체성에 관해 토론을 하던 중 나감마가 한 헌신자의 질문에 대한 바가반 자신의 답변(아루나찰라 판차라트남의 제7연)을 인용하자 바가반이 인정하는 듯이 미소를 지었다고 언급되어 있다.

한 헌신자가 노골적으로 바가반이 아루나기리 시다 요기인지를 물었을 때, 슈리 바가반은 움직임 없이 가만히 있다가 잠시 후 긍정적으로 대답하듯이 그 질문자에게 미소를 지었다고 전해진다. 몇몇 작품을 제외하면 바가반의 모든 작품들은 비루팍샤 동굴과 스칸다스라맘에 기거하는 동안 지어졌다. 산스크리트 작품을 타밀어로 번역한 것은 참나 속에 거주하는 것을 숭고하게 표현하는 작업으로서 행해진 반면, 아루나찰라에 대한 다섯 찬가는 바가반을 완전히 삼켜 버릴 만큼 강렬한 힘으로 솟아 나왔다. 그 찬가들은 아루나찰라에 대한 깊은 사랑이 저절로 분출한 것이며, 아루나찰라와의 친밀함이 저절로 용솟음친 것이다. 아루나찰라는 바가반에게 어머니이자 아버지였으며, 구루였고, 연인이었다.

앞 장에서 우리는 현자와 성인들이 다른 신들에 대해, 적어도 다른 성소들에 있는 쉬바에 대해 노래한 것처럼 빛나는 언어들로 아루나찰라를 노래한 것을 보았다. 그러나 바가반에게는 오로지 아루나찰라 쉬바만이 존재하였다. 나타라자를 달샨할 수 있도록 치담바람으로 초대한 딕쉬타르에게 한 바가반의 대답에서 그 이유를 찾아볼 수 있다. 그 대답을 보자.

다섯 원소들이 존재하게 되는 것은 샥티가 지고의 참나 즉 쉬바와의 동일성을 표면적으로 버릴 때이다. 다섯 원소들은 샥티의 창조물에 불과하다. 그러므로 샥티는 다섯 원소들보다 우월하다. 따라서 원소들이 녹아들어 하나 되는 곳보다 샥티가 녹아들어 하나 되는 곳이 더 중요하다. 샥티가 치담바람에서 춤을 추고 있기 때문에, 쉬바는 샥티 앞에서 춤을 추어 그녀가 움직임을 멈추도록 해야 한다. 그러나 아루나찰라에서 쉬바는 늘 움직임이 없는 채로 있다. 그러므로 샥티는 큰 사랑을 통하여 힘들이지 않고도 그분 속으로 녹아들어 그분과 하나가 된다.

한 헌신자는 쉬바 판차크샤리(쉬바에게 성스러운 다섯 음절로 된 만트라)인 '나마쉬바야'를 종이에 몇 번 쓴 뒤 그것을 바가반에게 바치며 자신이 카시(바라나시)에서 죽을 수 있도록 은혜를 베풀어 달라고 요청하였다. 카시에서 죽으면 해방에 이른다. 바가반은 그 쪽지를 본 뒤 침묵하다가 잠시 후 아루나찰라 푸라나를 인용하여 "아루나찰라 쉬바를 생각하는 것은 나마쉬바야를 3백만 번 암송하는 것과 동등하다."라고 말하였다.

앞에서도 언급한 것처럼, 라마나의 경험들은 어떤 필설로도 묘사할 수 없다. 우리가 할 수 있는 일은 그저 미력하나마 하나하나 얘기하고자 노력할 뿐이다.

아루나찰라 악샤라마나말라이 제19연에서, 바가반은 아루나찰라에게 그분 안에서 구루로 빛날 것을 간청하였다.

오, 아루나찰라여! 저의 죄를 완전히 없애 주시고,
저를 선하게 하시어 구원하소서.
스승의 모습으로 빛나는 당신이시여.

후에 헌신자들이 바가반에게 왜 사원 내의 파탈라링감, 구루무르탐, 파발라쿤루와 두 개의 동굴에서 그 모든 고난을 겪었는지 질문했을 때, 바가반은 그 모든 일이 왜 일어났는지 모르겠다고 말하는 듯 손을 휘저을 뿐이었다.

기리프라닥쉬나의 중요성을 인식시키기 위하여 바가반은 헌신자들과 함께 종종 산 둘레를 돌았다. 그럴 때마다 바가반은 매우 천천히 걸었다. 바가반과 동행한 헌신자들은 테바람과 티루바차캄 찬가들을 암송하였으며, 그 동안 바가반은 아루나찰라에 눈길을 고정한 채 참나에 깊숙이 몰입하면서 산 주위를 걸었다. 이 기리프라닥쉬나를 끝내는 데는 몇 시간, 때로는 며칠이 걸리기도 하였다. 때로 바가반은 자신이 지은 시들에 대해 상세히 설명을 하기도 하였다. 어느 날 바가반이 산 주위를 돌고 있을 때, 한 헌신자가 심오하게 철학적인 시 아발라파투에 대해 설명해 줄 것을 요청하였다. 바가반은 이 요청에 응하여 시에 쓰인 낱말 하나하나를 상세히 설명하고 해설해 주었다. 이 설명은 심지어 그들이 비루팍샤 동굴에 도착하고 난 후에까지 계속되었다. 어느 날 기리프라닥쉬나를 하고 있던 바가반은 갸니의 상태를 졸고 있는 마부에 비유했다. 마차는 마부의 의지나 지식 없이 움직이고 있다는 뜻이었다. 바가반은 또한 산 주위를 도는 시다(완성을 이룬 자)들을 보았다고 말하기도 했다. 한 헌신자가 바가반에게 기리프라닥쉬나의 효험이 어떠한지, 또 믿음 없이 산 주위를 돌아도 좋은 공덕이 주어지는지를 물었다. 바가반은 기리프라닥쉬나가 불과 같아서, 그것을 믿든 안 믿든 자신에게 닿는 자는 누구든지 태워 버린다고 대답하였다. 따라서 기리프라닥쉬나는 믿음을 갖고 행하든 그렇지 않든 상관없이 헤아릴 수 없는 혜택을 준다. 그러므로 그는 계속하여 아루나찰라 산을 돌게 된다.

   슈리 라마나는 사다나(수행)를 행한다는 명목으로 헌신자가 금식을 하거나 육체적 고행을 하는 것에 찬성하지 않았다. 그러나 어느 누구라도 심지어 허약하고, 아프고, 신체에 장애가 있고, 늙거나 매우 어린 사람이라도 산 주위를 도는 것은 결코 막지 않았다. 그저 천천히 돌라고 조언할 뿐이었다. 그분은 어떤 종류의 맹세도 하지 말라고 말렸지만, 아루나찰라 산 주위를 돌겠다는 맹세만은 예외였다. 바가반으로 인해 많은 사람들이 이 맹세를 하고 싶다는 충동을 느꼈다. 한 헌신자는 기리프라닥쉬나는 초보자에게나 필요한 것이며 자기처럼 진보한 수행자에게는 필요 없다고 생각하였다. 라마나는 이 헌신자의 마음을 바꾸게 하여 아루나찰라 산을 도는 것이 중요하다는 것을 깨닫도록 하였다.

이런 식으로 많은 사람들이 아루나찰라 산을 도는 것의 중요성을 깨닫게 되었다. 한때 무루가나르는 산 주위를 도는 것의 장점을 알고 싶었다. 바가반의 대답은, "해 보게, 그러면 알게 되네."였다. 무루가나르는 그분의 말씀을 따랐으며 나중에 말하기를, 산 주위를 도는 동안 어떤 지점들에서 신체 의식을 잃었으며 일상적인 인간 조건을 잊었다고 하였다. "이제는 아는군." 하고 슈리 바가반이 대답하였다. 그리고 덧붙여 설명하기를, 고대의 성스러운 사람들은 산차라 사마디(sanchara samadhi)라고 하는 사마디 상태에 잠겨 성지를 순례하였으며 아루나찰라 주위를 도는 것은 산차라 사마디에 이른 것과 동등하다고 하였다.

한번은 한 헌신자가 산기슭 근처의 어느 숲에 가고 싶다고 말하였다. 라마나는 기꺼이 찬성하며, 이 산에서 그의 발길이 닿지 않은 곳은 어디도 없다고 말하였다. 언젠가 산에서 돌아올 시간이 지났는데도 바가반이 오지 않은 적이 있었다. 헌신자들은 그분을 찾으러 나섰다. 바가반은 그들에게 웃으며, 아침 시간이 너무 매혹적이어서 좀 더 멀리 걷고 싶었다고 말하였다. 바가반은 산에 있으면 그곳이 바로 집인 듯 느껴져 자기 자신을 망각한다고 말하였다. 학자이며 헌신자인 가나파티 무니는 라마나를 찬양하는 40개의 산스크리트 슬로카들을 지었다. 한 슬로카에서 가나파티 무니는 바가반이 아루나찰라에 옴으로 인해서 아루나찰라는 대단한 영적 이로움을 얻었음에 틀림없다고 선언하였다. 그분은 그분에게 온 많은 성자들에게 안식처를 제공함으로써 이러한 이로움을 얻었다. 한 헌신자가 바가반에게 이 점을 얘기하자, 그분은 미소를 지으며 아루나찰라가 무슨 이로움을 지녔기에 저 위대한 성자들이 그분에게 왔을까 하고 되물었다.

바가반은 자주 옛 홀에서 창밖의 아루나찰라에 눈길을 고정한 채 오랫동안 바라보곤 하였다. 아루나찰라의 이름만 들려도 그분의 얼굴에는 깊은 감동이 서렸다. 한번은 사원에서 쿰바비셰캄(신성화 의식) 축제를 열고 있을 때, 라마나는 사람들 몰래 산의 동쪽으로 가서 신의 쿰바비셰캄 축제의 신성한 광경을 즐겼다.

바가반이 산의 동굴에서 살 때, 그분은 새들과 짐승들, 식물들, 그리고 거기에 살고 있는 천한 신분의 사람들과 매우 가깝게 지냈다. 아루나찰라에 온 뒤로 라마나는 아루나찰라 인근을 한 번도 벗어나지 않았다. 어머니와 친척들이 눈물을 흘리며 집으로 돌아오라고 간청했지만, 그분은 그 무엇 혹은 그 누구도 영적 안식처를 제공한 그분의 아버지로부터 자신을 갈라놓을 수 없다는 메시지를 보내며 이에 응하지 않았다.

위대한 시다들과 화신들, 성인들, 그리고 참나를 깨달은 영혼들이 영적 구도자들을 돕기 위하여 이따금씩 인도에서 태어났다. 그들 중 몇몇은 동정심 많은 사람이었고, 몇몇은 동물들에게 또 몇몇은 자신의 제자들에게 친절하였다. 라마나에게는 보편적인 사랑과 동정심이 있었으며, 어느 누구도 그 무엇도 여기에서 제외되지 않았다.

2
라마나: 자비의 바다

라마나의 자비는 끝을 모른다. 언젠가 어느 헌신자가 그의 자비심을 바다에 비교하였다. 그러자 라마나는 바다와 달리 그의 자비심은 기슭도 없고 한계도 없다고 대답하였다. 학자들은 물론이고 일반인들도 그분에게서 많은 도움과 지원을 받았다. 한번은 산에 올라갔던 염소 한 마리가 좁은 바위틈으로 떨어지고 말았다. 라마나는 그 틈새로 내려가 염소를 구하였다. 그분은 산에서 땔나무를 모으는 가난한 사람들을 기다렸다가 그들에게 묽은 죽이나 시원한 물을 나누어주었다. 그분은 어느 헌신자에게도 혹독한 영적 노력을 요구하지 않았다. 경전들은 금식이나 종교 의식 등을 통해 제자들을 엄격하게 훈련시키는 현인들에 대해 이야기하고 있지만, 바가반은 아무것도 강요하지 않았으며 그들이 마음대로 하도록 놓아두었다. 그들은 항상 자신이 원하는 영적 길을 따랐는데, 그것이 라마나의 길이기 때문이었다. 그분은 어느 누구를 가리켜 죄인이라고 한 적이 없으며, 심지어 '죄'라는 말을 입에 담은 적도 없었다. 특히 그분은 아이들을 통제하는 행위를 삼갔다. 언젠가 그분이 물라이팔 티르탐 위쪽에 있는 바위에 앉아 있을 때, 몇 명의 어린 소년들이 돌이 많은 저수지에 뛰어들어 이리저리 헤엄치고 있었다. 바위들이 위험했지만, 라마나는 아이들을 제지하지 않았다. 왜 그랬을까 하는 의문이 생긴다. 아이들을 놀라게 하고 싶지 않아서였을까, 아니면 그분이 있는 한 아이들이 안전하기 때문이었을까? 한 소녀는 친척들을 만나러 병원에 가야 했지만 가기를 두려워하고 있었다. 바가반은 소녀에게 말하기를, 병원은 사원과 마찬가지로 병을 고치고 어려운 일을 해결하는 곳이므로 가는 것을 겁낼 필요가 없다고 하였다. 이렇게 하여 소녀가 두려움을 없애도록 도와주었다.

  바가반의 말과 눈길은 신성하다. 그분의 말과 눈길에는 사람의 성격과 상황을 변화시키는 특유의 힘이 있다. 한번은 결혼 후 곧 신랑을 잃은 젊은 여인이 슬픔을 달래기 위해 많은 성지를 찾아다니고 성자들을 만났다. 그러나 그녀는 어디에서도 평화를 찾지 못한 채 마지막으로 바가반을 찾아왔다. 이때까지도 그녀는 슬픔을 극복하지 못하였다. 바가반의 신성한 눈길이 그녀에게 닿고 그녀가 연민으로 가득 찬 그분의 얼굴을 보았을 때, 그녀의 슬픔은 태양이 뜰 때 눈이 녹듯이 녹아 없어졌다.

그녀는 깊은 평화로 충만하였다. 바가반과 그녀 사이에는 한마디 말도 오가지 않았다.

또 한번은 자녀들을 모두 잃은 부부가 라마나를 찾아왔다. 그들은 라마나 앞에서는 평화를 느꼈지만, 밖으로 나오자 다시 슬픔에 휩싸였다. 2주일 동안 슈리 라마나스라맘에 머문 뒤 떠날 준비를 하던 그들은 책방에서 한 사람을 만났다. 그는 그들이 괴로워하는 것을 보고서 말하기를, "왜 죽은 자식들 때문에 당신들이 슬퍼해야 합니까? 그들이 살아 돌아온다 해도, 그들이나 당신들은 여전히 언젠가는 죽어야 합니다. 그때는 다시 상실감을 경험해야 합니다. 가슴이 바뀌는 것과 묘비에 적힌 날짜가 바뀌는 것 가운데 어느 것이 더 위대한 기적입니까?"라고 했다. 그 부부는 꼭 바가반이 말하는 것과 같은 이 말을 듣고서 깜짝 놀랐다. 바가반을 떠나 돌아갈 때 그들의 가슴은 완전하고 영원한 평화로 충만하였다.

바가반 라마나는 헌신자들에게 아버지와 어머니처럼 그들의 필요와 소망들을 채워 주었다. 직업이나 승진 또는 돈을 원하였던 사람들은 그분의 은총으로 그러한 것들을 얻었다. 병에 걸린 사람들은 치유를 받거나 혹은 질병을 견딜 수 있는 힘을 얻었다. 바가반은 그분에게 의지하는 사람들의 운명을 떠안거나 바꾸었다. 한 헌신자의 아들이 독사에게 물린 일이 있었다. 그 부모는 독으로 인해 온몸이 파랗게 변한 아이를 데리고 왔다. 라마나는 아이의 몸에 비부티(신성한 재)를 문질러 바르면서

"아무 일도 아니다. 아무 일도 아니다."라고 말했다. 그러자 그 애는 잠에서 깨어나듯 일어났다. 수부락슈미라고 하는 헌신자가 죽었다는 소식을 듣고서 바가반 라마나는 한 시간 동안 가만히 앉아 있었다. 그 뒤 죽은 헌신자가 다시 살아났다는 소식이 아쉬람에 전해졌다. 그 이후 그녀는 오랫동안 살았다.

  멀리 떨어진 곳에 사는 헌신자들은 곤경에서 구해 달라는 내용의 편지나 전보를 바가반에게 보내곤 했는데, 그때마다 그들은 그분에게서 항상 도움을 받았다. 많은 헌신자들은 자신도 모르는 사이 도움을 받아 어려움으로부터 벗어났다. 바가반은 헌신자들의 카르마를 없애는 것을 자신의 소명으로 분명히 받아들였다.

3
신들 중의 신

바가반은 영적 영웅들의 땅에서 그때나 지금이나 가장 밝게 빛나는 존재, 지고의 존재로 남아 있다. 강력한 자석과 같은 이 힘에 이끌려 수많은 현인들, 성자들, 영적 지도자들이 그분을 찾아왔으며, 그분의 현존 앞에서 영적 힘의 부활을 경험하고 돌아가서 다른 사람들에게 그분에 대해 이야기하였다. 이 방문자들의 이름들을 보면 영적 지도자들의 목록처럼 보인다. 영적·사회적인 측면에서 큰 서비스를 베풀고 있는 많은 아쉬람을 설립한 리쉬케시의 스와미 쉬바난다가 티루반나말라이에 왔다. 그는 며칠 동안 머물면서 바가반을 찬미하는 노래들을 영어로 지었으며 그분의 축복을 받았다. 마하트마 간디는 그의 추종자들에게 평화가 필요할 때마다 그들을 아쉬람으로 보냈다. 전 인도 대통령 라젠드라 프라사드는 아쉬람을 자주 방문하였다. 한번은 마하트마 간디에게 보낼 메시지가 없는지 바가반에게 묻기도 하였다. 라마나는 가슴이 서로 통하면 달리 메시지가 필요 없다고 대답하였다. 사로지니 나이두와 그녀의 시인 형제인 하린드라나트 차토파드야야도 바가반을 만나러 와서 바가반을 찬미하는 많은 시들을 지었다. 바가반이 비루팍샤 동굴에 있을 때, 유명한 시인 수브라마니야 바라티는 그분 앞에서 조용히 한 시간 동안 앉아 있다가 영혼을 새롭게 하고 돌아갔다. 위대한 타밀 학자인 스와미나타 아이어 박사는 바가반에게 불평하기를, 아무리 노력해도 타밀에 대한 사랑을 버리지 못하겠노라고 하였다. 바가반은 그에게 "누가 당신에게 타밀에 대한 사랑 또는 쉬바에 대한 사랑을 포기하라고 했습니까?" 하고 물었다.

그 당시 푸리의 샹카라차리야가 바가반을 찾아와서 몇 가지 질문을 하였다. 바가반은 고요히 그를 바라보았다. 샹카라차리야는 깊은 사마디에 잠겼고, 나중에 기쁨의 눈물을 흘리며 그가 체험한 놀라운 경험에 대해 깊이 감사하면서 떠났다. 많은 헌신자들이 이 일에 대해 이야기하였다. 푸리의 샹카라차리야는 나중에 말하기를, 바가반은 심지어 아디 샹카라와도 비교할 수 없으며 오히려 그분은 최초의 근본 구루인 닥쉬나무르티 자신이라고 하였다.

위대한 정도에 따라 신들의 목록을 만들고 싶어 하였던 한 헌신자에 대해 널리 알려진 이야기가 있다. 그는 아루나찰라의 이름을 외치면서 새끼손가락을 꼽았다. 그러나 그 뒤 그는 아루나찰라에 버금갈 만한 신이 없어서 더 이상 셀 수가 없었다. 그래서 넷째 손가락을 산스크리트로 아나미카(이름 없음)라고 한다. 더 이상 어떤 신의 이름을 댈 수 없었던 손가락이 이름 없는 손가락이 된 것이다. 현자와 성자들, 영적 거인들조차 자기 힘으로 바가반 라마나의 영광을 적절히 묘사할 수 없었고 그분의 현존에서 말을 잃었다. 그렇다면 보통 사람들이 어찌 그분을 묘사할 수 있으며 그분을 무엇과 비교할 수 있겠는가? 산들이 뽑히고 하늘이 무너져도 움직이지 않으며, 기쁨과 슬픔을 초월하여 내면의 높은 좌대 위에서 동요 없이 앉아 있는 그분을 어떤 언어로 묘사할 수 있겠는가? 단지 그분을, 슈리 무루가나르가 라마나 산니디 무라이에서 묘사하였듯이 닥쉬나무르티로 오신, 황금의 몸을 입은 벤카타라만의 모습으로 오신 지고의 존재와 비교할 수 있을 뿐이다.

칸치 카마코티 무트의 슈리 파라마차리야는 라마나를 크게 사랑했고 존경하였다. 그는 그에게 온 많은 헌신자들을 티루반나말라이로 보냈다. 그들 중의 한 사람이 폴 브런튼이었다. 그는 자신의 영적 의심들이 바가반을 통해 사라지고 또 그분의 존재 자체가 영적 힘의 원천임을 깨닫고서, 그의 책 『신비의 나라 인도에서의 구도(A Search in Secret India)』에 바가반은 온 우주에 속한다고 썼다.

스링게리 무트의 샹카라차리야인 슈리 나라심하 바라티는

티루반나말라이에서 온 방문객들에게 발라요기(balayogi)의 안부를 물음으로써 바가반에 대한 큰 사랑과 존경을 표현하곤 했는데, 발라요기라는 말은 라마나를 가리키는 그만의 호칭이었다. 그는 많은 추종자들에게 티루반나말라이를 방문하여 바가반의 달샨을 가질 것을 권하였다. 티루반나말라이에 온 스링게리 무트 출신의 한 판디트는 바가반을 산야사(수도승)로 입문시켜 주겠다고 제안하였다. 이 소식을 들은 슈리 나라심하 바라티는 그를 꾸짖으며 말하기를, 티루반나말라이의 발라요기와 같이 진화한 영혼에게는 어떠한 공식 입문도 필요하지 않다고 하였다.

케랄라의 위대한 교사이며 사회 개혁가인 슈리 나라야나 구루는 자신의 제자들과 함께 스칸다스라맘에서 바가반을 만난 뒤 그의 의문들이 풀렸다. 그는 바가반을 '코브라 왕'이라고 부르면서 칭송했다. 칸항가드의 스와미 람다스는 어디에서도 영적 영감을 얻을 수 없었을 때 바가반에게로 와서 그분의 은총을 받았다. 그는 나중에 아루나찰라 산의 동굴에 머물며 혹독한 타파스를 했으며 신 라마의 우주적 환영을 보게 되었다. 나무와 식물들 그리고 인간들이 그에게 라마로 나타났다. 이에 기뻐하며 람다스는 바가반을 찬미하였고, 망갈로르 부근의 칸항가드로 가서 아쉬람을 세웠다. 그는 라마나를 자신의 구루로 모시고 그의 헌신자들을 티루반나말라이로 보냈다. 위대한 학자이며 성자인 안드라 프라데시 출신의 카브야칸타 가나파티는 바가반의 발밑에 엎드려, 그의 모든 학식과 영적 수행에도 불구하고 평화를 찾지 못했다고 털어놓으며 바가반에게 은총을 간청하였다. 라마나는 그에게 영적 사다나에 대한 진실을 간략히 설명한 뒤 참된 길을 보여 주었다. 한번은 가나파티 무니가 지나친 요가의 힘으로 고통 받고 있을 때, 그는 바가반에게 기도하여 그 힘을 견딜 수 있는 방법을 찾았고 평화를 얻었다. 바가반의 이름을 브라마나 스와미에서 바가반 슈리 라마나 마하리쉬로 바꾼 사람은 바로 가나파티 무니였다.

많은 무트(mutt)와 아디남(adhinam) 그리고 산야시의 수장들은 바가반의 영적 지식과 뛰어난 타밀어 구사 능력을 칭송하였다. 한번은 어떤 왕이 아쉬람을 방문하였을 때, 바가반의 헌신자들은 아쉬람에 대한 금전적인 지원을 우회적으로 부탁하였다. 바가반은 그들에게 왕은 은총을 구걸하기 위하여 여기에 온 것이라고 말하였다. 바가반은 그들이 걸인에게 구걸하고 있음을 일깨운 것이다. 헌신자들은 왕들의 왕인 바가반이 몸을 입고 그들과 함께 살고 있는데도 왕의 도움을 구한다는 것은 어리석은 행위라는 것을 깨달았다. 당시 미국 대통령이었던 우드로 윌슨의 딸이 아쉬람을 방문하였다. 그녀는 자신의 신분을 밝히지 않고 혼자서 조용히 앉아 있다가 이튿날 떠났다. 그녀는 돌아가서 미국 저널에, 바가반을 만난 후 예수 그리스도가 어떻게 살았는지 알게 되었으며 그리고 성서를 더 잘 이해하게 되었다고 썼다.

가장 놀라운 일들 가운데 하나는 많은 시다들과 현자들이 개, 까마귀, 표범, 뱀의 모습으로 바가반을 만나러 왔으며 그분의 도움을 받아 영적인 해방을 얻었다는 것이다. 바가반이 앉아 있던 홀의 문들은 항상 열려 있었다. 그 이유는 많은 영혼들이 모든 형상과 모습들을 하고서 그분의 은총을 구하기 위해 밤낮을 가리지 않고 항상 찾아왔기 때문이다. 홀에서 자던 헌신자들 가운데 한 명은 어느 날 밤 잠에서 깨어, 눈부신 빛이 문으로 들어와서 얼마 동안 바가반 앞에 서 있다가 천천히 나가는 모습을 보았다. 나중에 그가 이 일에 대해 바가반에게 묻자 슈리 라마나는 한 시다가 그분을 달샨하기 위해 그 모습으로 찾아온 것이라고 대답하였다.

여러 모습들로 나타난 신을 숭배한 많은 영적 구도자들은 이 신들에 의해 티루반나말라이의 라마나에게로 안내되었으며, 그분 앞에서 그들의 영적 노력을 계속하였다. 순다람이라고 하는 헌신자는 티루첸두르의 신 수브라마니야를 숭배했다. 티루첸두르 사원의 가장 안쪽 성소에서 들려오는 어떤 소리가 그에게 티루반나말라이로 가서 슈리 라마나의 안내를 따르라고 하였다. 순다람은 그것을 신 수브라마니야의 명령으로 받아들이고 티루반나말라이로 왔으며, 산야시가 되어 라마나의 충실한 헌신자가 되었다. 그는 슈리 라마나스라맘을 위해 헌신적으로 봉사했으며 위대한 영적 경지에 도달하였다.

어느 라마 헌신자는 잠결에 라마나를 그의 구루로 받아들이고 사다나를 계속하라는 지시를 받았다. 이 헌신자는 그 명령을 받아들였고, 은퇴 후에는 티루반나말라이에 정착하여 영적인 노력을 계속하였다. 라마크리슈나 파라마함사의 한 헌신자는 바가반을 찾아왔고, 그분 안에서 파라마함사의 모습을 보았다. 그래서 그는 바가반의 헌신자가 되었다. 바가반은 많은 사람들에게 크리슈나와 닥쉬나무르티 및 무루가의 모습으로 나타났다. 그분은 티루출리 사원에서는 그분의 어머니 앞에 티루메니나탄(Thirumeninathan)의 링가로 나타났다. 또 루드라 라자 판데이라는 네팔 출신 헌신자는 아루나찰레스와라 사원을 갔다가 지성소와 그 주변의 모든 곳에서 아루나찰라 링감 대신에 바가반을 보았다. 황홀경에 잠긴 그는 사원에 오랫동안 머물렀으며, 나중에 바가반과 아루나찰라는 하나이며 동일하다는 것을 알게 해 준 데 대하여 바가반에게 감사를 표하였다.

4
순박함의 진귀한 화신

학자나 현자들뿐 아니라 많은 순박한 사람들도 라마나에게 다가가 그분의 은총을 받았다. 바가반이 스칸다스라맘에 살고 있을 때, 한번은 몇몇 마을 사람들이 그를 만나러 왔지만 가까이 다가오지 못하고 멀리 떨어진 곳에서 머뭇거리고 있었다. 바가반은 연민으로 가득한 눈길로 그들의 존재를 기쁨으로 충만케 하였다. 한 가난한 농부가 바가반의 달샨을 얻기 위해 50마일을 걸어왔다. 그는 바가반의 발밑에 엎드리고는 감정에 북받쳐 흐느꼈다. 바가반은 그에게 은총을 부어 주었고, 그는 기쁨으로 가득 차서 돌아갔다. 바가반의 은총은 학자나 산야시들보다는 오히려 평범한 사람들에게 더 쉽사리 베풀어졌다.

한 늙은 여인이 바가반을 만나러 온 적이 있었다. 그녀는 그에게 주려고 수수로 만든 도사(인도식 팬케이크)를 즐거운 마음

으로 가지고 왔다. 바가반의 헌신자들은 그녀가 이 도사를 바가반에게 바치지 못하도록 제지하였다. 바가반은 그들을 꾸짖고서 맛있게 도사를 먹어 늙은 여인의 마음을 기쁘게 하였다. 언젠가는 몇몇 헌신자들과 함께 산을 돌고 있던 바가반이 갑자기 그들을 떠나 빠른 걸음으로 밀림 속으로 들어갔다. 마침내 그는 한 가난한 노인을 만났다. 그 노인은 그에게 엎드려 절하며 바가반을 기다리고 있었다고 말하였다. 라마나는 노인이 준 죽을 맛있게 먹었고, 헌신자들에게 노인의 헌신에 대해 얘기했으며, 헌신자들이 가지고 온 음식을 노인에게도 나누어 주게 하였다.

키라이, 무달라이어, 에참마와 같은 노파들은 초기에 바가반에게 음식을 가져다준 보통 사람들이었다. 나중에 아쉬람이 커지자 바가반과 헌신자들을 위한 음식을 아쉬람에서 직접 요리하게 되었지만, 바가반은 여전히 이 사랑하는 헌신자들이 음식을 가져오는 것을 기다렸으며, 그들이 가져온 음식을 먹은 뒤에야 식사를 하곤 하였다. 테수람마, 마스탄 스와미, 베남마 그리고 테남마는 다른 사람에게 주어지지 않은 특별한 권리를 부여받은 헌신자들에 속한다. 바가반의 특별한 사랑을 누린 순박한 사람들의 목록은 길고 끝이 없다.

5
그의 가르침

『나는 누구인가?』는 한 헌신자를 통해 주어진 소책자이다. 여기에서 슈리 바가반은 모든 종교를 초월하는 진리에 대해 말하고 있다. 이 가르침은 무신론자와 합리론자조차 관심을 느끼게 할 만큼 매력적이다. 라마나의 가르침을 읽은 한 과학자는 그것들은 아인슈타인의 상대성 이론에 비교할 수 있는 것으로, 명쾌하고 단순하며 동시에 일상생활의 논리와 모순되지 않는다고 말하였다. 라마나의 가르침은 아루나찰라만큼이나 오래되었으며 또 오늘날의 세계만큼 현대적이다. 그것들은 모든 시대와 모든 나라에 속한다. 무신론자들은 신을 부정한다. 하지만 그들은 그들 자신의 존재는 부정하지 않는다. 『나는 누구인가?』는 그들로 하여금 정신적 변명의 너머에서 생각하게 한다. 『나는 누구인가?』의 논리는 합리론자들도 논박할 수 없다. 왜냐하면 그것은 그들이 이성적인 질문을 통해 영적 진리를 생각하고 깨닫도록 하기 때문이다.

라마나의 헌신자들은 "나는 누구인가?"라는 말 속에서 지고의 진리를 깨달았으며, 깨달음에 이르기 위하여 이 영적 물음의 길을 따랐다. 이것은 인간의 심성과 잘 맞는 단순한 방법이다. 인간은 항상 행복을 추구한다. 인간은 이 행복을 얻기 위하여 열심히 노력한다. 그러나 그가 자신을 몸이나 마음과 동일시할 때 진정한 행복은 그를 피해 간다. 만약 그가 그의 마음을 죽일 수 있다면, 그는 영원한 행복과 영원한 존재를 얻을 수 있다. 이 점에 대해 의심을 품어서는 안 되며, 자신의 죄에 대해 생각해서도 안 되고, 자신의 노력이 아무 소용없다고 생각해도 안 된다. 우리의 적인 모든 생각들이 파괴될 때까지 자신의 마음이라는 요새를 포위해야 한다. 스스로 약을 먹어야만 자신의 병을 고칠 수 있다. 이와 마찬가지로 행복은 스스로 노력해야만 얻을 수 있다. 자신의 카르마는 자신의 몸을 보호할 것이다. 구루의 은총은 그 사람의 노력에 성공이라는 왕관을 씌워 줄 것이다. 가능한 한 다른 사람의 일에 간섭하지 말아야 한다. 알맞게 먹고 알맞게 자야 한다. 마음을 정복하기 위해서는 참나 탐구를 행하거나 아니면 바가반에게 자기를 맡겨야 한다. 바가반은 복종을 쉽게 만들었다. 아무 조건 없이 자신의 마음을 자신에게 복종하는 것만이 필요하다고 말한다. 복종이 부분적일지라도 점점 자라서 완전한 복종이 될 것이다.

한번은 한 바이슈나바이트(비슈누의 길을 따르는 이)가 바가반에게 묻기를, 바가반은 왜 그의 바가바드 기타인 『천상의 노래』라는 책에, 크리슈나가 아르주나에게 "만약 그가 모든 것을 희생하고 그분(크리슈나)에게만 복종하면 그분은 그를 보호하고 그에게 구원을 줄 것이다."라고 말하고 있는 중요한 슬로카(구절)를 포함시키지 않았느냐고 하였다. 바가반은 더 좋은 뜻을 담고 있는 슬로카를 포함시켰다고 답하였다. 그러고 나서 크리슈나가 아르주나에게 "만약 그가 신에게 복종한다면 그분의 은총으로 그는 궁극적인 해방을 얻을 것이다."라고 말하고 있는 슬로카를 그 헌신자에게 가리켰다. 바가반은 복종으로 충분하며 더 이상의 다른 희생은 필요 없다고 설명하였다. 이 말을 듣고서 그 헌신자는 매우 기뻐하였다. 바가반의 가르침을 따르는 것이 얼마나 쉬운지를 보여 주는 사건이 있다. 몇 명의 마을 사람들이 그에게 와서 "우리에게 뭔가 말씀 좀 해 주세요." 하고 부탁했다. 무한한 은총으로 바가반은 참나를 탐구하는 방법을 그들이 이해할 수 있는 방법으로 정성껏 차근차근 설명하였다. 그들이 떠나자 한 헌신자가 바가반에게, 바보 같은 그 사람들이 명상이나 참나 탐구를 이해할 수 있겠느냐고 물었다. 바가반은 만약 그들에게 푸자를 하라고 하거나 만트라를 암송하라고 하면 그들은 다시 돌아와서 이것들은 어느 정도 이상은 도움이 되지 않는다고 말할 것이라고 인자하게 대답하였다. 그래서 그는 항상 사람들에게 가장 높으면서도 가장 단순한 참나 탐구의 방법을 가르쳐 주었다.

바가반은 이처럼 평범한 마을 사람들에게 자비로운 마음으로 자세히 방법을 설명해 주었다. 또 한번은 몇몇 어린아이들에게 우파데사 운디야르(Upadesa Undhiyar)에 대해 얘기해 주고 있었는데, 근처에 서 있던 한 헌신자가 바가반을 향해 마치 '이 어린이들이 우파데사 운디야르에 대해 무엇을 이해하겠습니까?'라고 말하는 듯 미소를 지었다. 바가반은 그의 생각에 답하여, "그들이 지금은 이해할 수 없을지 모르오. 하지만 나중에 인생의 고난을 겪을 때는 이 말을 기억하고 마음의 용기와 평화를 얻을 수 있을 것이오." 하고 말하였다. 바가반에게서 그처럼 많은 자비를 받은 그들은 진실로 축복받은 사람들이었다.

라마나는 마음을 정복하기 위한 많은 방법들을 제시하였는데, 이를테면 참나 탐구, 복종, 아루나찰라에 대한 헌신, 산 주위를 도는 것, 리부 기타(Ribu Gita)와 쉐이바 티루무라이(Saiva Thirumurais)와 같은 경전들을 공부하기, 생각들이 일어나기 전에 그것들을 다루기, 그리고 신의 영광을 노래하기가 그것들이다. 그는 모든 사람들이 자아를 버리고 신성의 희열에 잠길 수 있도록 아루나찰라 라마나 형상을 취하였다.

바가반은 항상 사하자 사마디 속에 있었다. 사마디는 무념의 상태이다. 잠자는 동안에는 마음이 침묵하고 있듯이, 사마디에 잠긴 사람은 무념의 상태이며 자신의 진정한 본성 속에 있다. 사마디는 일시적일 수도 있고 지속적일 수도 있다. 지속적인 사마디를 니르비칼파 사마디라고 한다. 이 상태에서는 사람은 자신의 신체에 대한 의식을 잃게 되어 조상(彫像), 돌 또는 나무 등걸처럼 움직이지 않는 채 있다. 하지만 자신의 일상적인 일을 하면서도 깊은 사마디에 들어 있는 상태를 사하자 사마디 또는 사하자 니슈타이(sahaja nishtai)라 한다. 이것은 매우 드문 경지로서 이 상태를 얻는 사람은 극히 적다. 종종 사마디 상태에 도달한 현자들은 곧 자신의 몸을 버리는 경우가 있다. 바가반은 우리들을 가르치기 위해 50년 이상이나 사하자 사마디 상태로 있었다.

　우리에게 이 세상에 대해 이야기하고 기쁨과 슬픔, 삶과 죽음을 창조하는 것은 마음이다. 우리의 진정한 상태는 마음을 초월한 상태, 즉 생각이 없고 변화가 없는 상태이다. 바가반은 끊임없는 수행을 통하여 이 상태에 이르라고 우리에게 권한다.

6
자연과 하나로 계시는 분

오늘날 환경과 야생 생물 보호에 대한 논의들이 활발히 이루어지고 있다. 이 목적을 위해 세계 곳곳에서 수많은 단체들이 활동하고 있다. 그러나 팔구십 년 전에 이미 바가반은 자연 가까이 살면서 자연이 주는 풍요로움과 다양한 식물, 동물들을 애정 어린 눈으로 바라보았다. 그리고 그것들을 위험으로부터 보호하는 데 온갖 정성을 기울였다. 그는 호랑이와 치타 가까이 다가가 그들의 습관을 관찰하였으며 그들을 사람들로부터, 사람들을 그들로부터 보호하였다. 모두들 뱀을 무서워하지만, 뱀들은 그의 몸 위를 마음대로 기어 다녔다. 그는 사람들에게 뱀을 무서워할 필요가 없다고 말하면서 뱀을 해치지 말라고 당부하였다. 그는 헤아릴 수 없이 많은 자연의 거주자들을 비길 데 없는 관심과 열정으로 지켜보았다. 그는 장수말벌,

꿀벌, 새들이 어떻게 집을 짓는지, 애벌레가 어떻게 장수말벌이 되는지, 개미와 흰개미들이 길거리에서 어떻게 그들의 완벽한 도시를 짓고 그 안에서 사는지를 지적하고 또 설명하곤 하였다. 또 그는 꽃이나 나뭇잎을 따거나 나뭇가지를 꺾는 것을 허락하지 않았다.

어느 여름날, 한 여성 헌신자가 푸자에 쓸 빌바 잎을 따기 위해 여기저기 찾아 다녔지만 찾을 수 없었다. 그녀는 바가반에게 나뭇잎 하나도 뜯지 못했다고 불평하였다. 바가반은 그녀에게 자신을 꼬집어보라고(타밀어로 '뜯다'에는 '꼬집다'라는 의미도 있다) 하면서, 그러면 인간이 불쌍한 잎에게 얼마나 많은 고통을 주는지를 알 수 있을 것이라고 대답하였다. 또 한번은 산 주위를 도는 중에 한 여성 헌신자가 꽃가지를 꺾고 있는 것을 발견하였다. 바가반은 그녀에게 그녀가 그 꽃나무에게 물을 주고 영양분을 주었느냐고 물었다. 왜 그녀는 꽃들을 해치고 있었을까? 꽃들이 꽃나무에 달려 있으면 더 아름답게 보이지 않았을까?

어느 날 아쉬람에서 일하는 사람들이 나무에서 망고를 따고 있었다. 그들은 나뭇잎뿐만 아니라 가지들조차도 꺾고 있었다. 바가반은 땅바닥에 쌓인 나뭇잎과 가지들을 보고서, 열매를 주는 나무에게 잔혹한 벌을 주고 있다고 그들을 꾸짖으면서 불호령을 내렸다. 그는 슬픈 눈길로 그 더미를 쳐다보면서 "참으로 무자비한 일이로다." 하고 말하였다. 그는 사람들에게 열매와 코코넛을 딸 때는 쇠로 만든 것이 아니라 나무로 만든 열매따기 도구를 사용하라고 시켰다. 지고의 존재, 창조자 그 자신이 자신의 창조물을 보호하기 위하여 라마나의 모습을 하고 지상에 내려오신 것이 분명하다.

    바가반이 움직일 때는 개, 원숭이, 공작새, 다람쥐, 참새, 소와 그 밖의 동물들이 가까이 따랐다. 그는 그들의 언어를 알았고 필요할 때마다 그들을 위로하였다. 그는 그들이 그의 언어를 이해하도록 하였고, 이 상호관계를 통하여 그의 우주적 의식을 보여 주었다.

7
구원을 주시는 분

고대 점성 예언은 라마나를 가리켜, "아루나찰라를 생각하기만 해도 아루나찰라가 해방을 준다는 것을 입증하러 온 자"라고 말하고 있다. 바가반은 열다섯 살 때 아루나찰라라는 이름을 들었다. 그리고 열여섯 살 때 아루나찰라로 와서 살았다. 그는 헌신자들에게 자신이 가지고 있는 모든 것을 주었다. 바가반의 어머니와 암소 락슈미는 그를 통해 해방을 얻었다. 그는 또 자신을 헌신적으로 섬긴 위대한 헌신자 팔라니스와미에게도 묵티(해방)를 주고자 하였지만, 그렇게 하기 전에 팔라니스와미가 죽어버렸다. 바가반은 팔라니스와미가 다시 태어나지 않을 것이며 점진적인 단계를 거쳐 묵티를 얻을 것이라고 말하였다. 이것들은 우리가 전해 듣거나 책을 읽어 알게 된 사례들이다. 얼마나 많은 존재들이 바가반을 통해 해방을 얻었을

지 그 누가 알겠는가! 그는 그런 존재들에 대하여 일일이 얘기하지 않았으므로 우리는 그들에 대해 모른다. 푸라나는 아루나찰라의 나무와 식물들도 묵티를 받을 것이라고 말한다. 바가반의 삶에서 있었던 다소 이상한 사건들을 통해 우리는 이 말이 사실이라는 것을 알 수 있다. 스칸다스라맘에 머물 때 바가반은 어느 나무 밑에 앉아 있곤 했는데, 그 나무는 열매 하나도 맺지 않게 되었다. 파종할 씨앗을 그가 만지자 그 씨앗에서는 아무것도 자라나지 않았다.

한번은 어떤 사람이 슈리 라마나스라맘에 파종할 씨앗들을 바가반에게 전달했는데, 이때 한 젊은 헌신자가 달려와서는 눈물을 흘리며 말하였다. "씨앗을 바가반께 드리지 마세요. 스칸다스라맘에서 그랬던 것처럼 씨앗이 싹트지 않을 겁니다. 바가반께서 만지시면 다시는 태어나지 않을 겁니다." 바가반의 은총은 수많은 존재들을 자유롭게 하였다.

영적 구원을 찾다가 계속해서 헛수고를 한 많은 사람들이 마침내 바가반의 은총을 통해 사마디에 들고 만족감을 느낄 수 있었다. 오랫동안 영적 노력을 하였지만 헛될 뿐이었던 한 노인이 바가반을 찾아왔다가 위대한 영적 경지에 이를 수 있었다. 그는 황홀경에 젖어 바가반을 찬미하였다. 이런 식으로 많은 헌신자들이 바가반을 통하여 사마디를 경험하였다. 이 경험은 그들로 하여금 사마디가 영원할 수 있도록 더욱 노력하게 하는 촉진제가 되었다.

8
그는 그들에게
자신의 위대함을 어떻게 보였는가?

비록 바가반 슈리 라마나는 그의 위대한 능력에 대해 많은 암시를 주었지만, 모든 사람이 이 점을 제대로 이해한 것은 아니었다. 마음은 영적인 진리들을 다루는 데 있어서 장애가 많다. 그래서 바가반은 때때로 짧게 암시하곤 하였다. 어느 날 헌신자들이 '라마나 삿구루'라는 찬가를 부르기 시작하자 바가반도 동참하여 함께 불렀다. 자신을 찬양하는 노래를 자기가 부른다며 놀라움을 표시하는 헌신자들에게 바가반은 "라마나는 온 세상에 유일한 삿구루이다."라고 말하였다. 또 다른 경우에 그는 "라마나를 이 6피트의 몸이라고 생각하지 말라. 그는 어디에나 있다."라고 말하였다.

어떤 사람이 바가반의 몇 가지 지시를 따르지 않자 바가반은 그에게 이렇게 말하였다. "내가 말하는 대로 하라! 모든 것은 나에게서 나왔다. 모든 것은 나에게로 돌아갈 것이다." 우리는 그 헌신자가 이 말을 들었을 때 어떤 마음 상태였을지 상상할 수 있다. 바가반이 지은 작품들에서는 바가반을 가리켜 '아루나찰라 라마나'와 '아루나기리 라마나'라 하고 있다. 라마나 산니디 무라이(Ramana Sannidhi Murai)에 있는 라마나 푸라나(Ramana Purana)라는 책의 경우, 무루가나르가 직접 쓴 부분은 그 책의 삼분의 일에 지나지 않는다고 한다. 300줄이 넘는 나머지 삼분의 이는 바가반 자신이 지은 것이다. 그 자신을 찬양하는 글에서 바가반은 헌신자들에게 자신의 진정한 모습을 보여 주고 있다. 또 하나의 사실이 있다. 브라마와 비슈누가 쉬바의 발과 머리를 찾는 데 실패하였을 때 쉬바가 브라마와 비슈누 앞에 나타났다. 바로 이날에 바가반 라마나가 태어났다. 이날은 마르갈리(Margazhi) 달에 열리는 아루드라(Arudra) 축제의 날이기도 하다.

어느 보름날 밤, 바가반은 산에서 내려오다가 갑자기, 동행하고 있던 위대한 헌신자 카브야칸타 가나파티 무니에게 고개를 돌리고는 황홀경에 잠긴 듯한 목소리로 물었다. "나야나여, 내가 진정 누구인가? 나는 태양과 달과 별들과 행성들이 내 허리 주위를 돌고 있는 것을 본다. 나는 누구인가? 나는 누구인가?" 가나파티 무니에게서 이 일을 전해들은 헌신자들은 놀라움으로 입을 다물지 못하였다.

9
그에 대한 헌신

바가반이 편안하도록 보살피거나 심부름을 하는 등 다양한 방식으로 봉사하면서 살아간 헌신자들이 많이 있다. 그들 가운데 팔라니스와미, 안나말라이 탐비란, 우탄디 나야나르, 쿤주 스와미 그리고 마다바 스와미가 있다. 그들은 그들 가운데 살고 있는 분이 아루나찰라임을 한 순간도 잊지 않았으며, 그를 더없는 사랑과 애정으로 섬겼다.

몇몇 헌신자들은 아루나찰라 산과 아쉬람에 길을 닦고 건물을 지었으며, 푸자를 위해서 정원을 가꾸었고, 그늘이 지도록 나무도 심었다. 라마스와미 필라이와 안나말라이 스와미는 이러한 일에 많은 관심을 가졌다. 헌신자들은 바가반에 대한 그들의 큰 사랑을 수많은 방식으로 표현하였는데, 그 가운데는 이상한 방식들도 있었다. 한 헌신자는 자신이 바가반의 경호원이라며 큰 지팡이를 들고서 계속 왔다갔다하며 걸어 다녔다. 그는 바가반이 긴 여행을 떠날 것이라고 생각하고서 가진 돈을 다 털어 여행을 위한 말을 사기도 하였다. 또 다른 헌신자는 바가반의 현존을 너무나 경외하여 바가반이 있는 자리에 결코 가지 않았다. 바가반이 자리를 비우면 그때서야 그곳으로 가서 참배하였다. 또 다른 헌신자는 바가반의 이름을 차마 입 밖에 낼 수 없었다. 어떤 사람이 바가반의 이름을 언급하자, 그는 화가 나서 그 사람을 때리기도 하였다. 어떤 헌신자들은 바가반 앞에서 베다와 티루무라이들을 암송하기도 하였다. 이렇게 각 헌신자들은 바가반에 대한 그들의 사랑을 표현하면서 저마다의 사다나를 하였다. 설령 그들의 행동이 이상하다 해도 바가반은 개의치 않았다. 그는 그들의 행동으로 표현되는 사랑을 받아들였다.

라마나의 많은 헌신들은 라마나와 관련된 그들의 경험을 훌륭한 문장으로 기록하였다. 예를 들어, 난 야르?(Nan Yaar?; 나는 누구인가?)는 쉬바프라카샴 필라이의 질문들에 대한 바가반의 대답을 모아 엮은 책이다. 오직 감사의 마음으로, 쉬바프라카샴 필라이는 라마나 파다 말라이(Ramana Paada Malai), 라마나 사리타 아가랄(Ramana Saritha Agaral), 라마나 데바말라이(Ramana Devamalai), 그 밖의 다른 작품들을 썼다.

감비람 세샤야르는 그의 질문들에 대한 바가반의 답변을 엮은 책, 비차라 상그라함(Vichara Sangraham)을 펴낸 또 다른 헌신

자이다. 가나파티 무니는 산스크리트로 라마나 기타를 지었는데, 이 책 역시 많은 헌신자들의 질문에 대한 바가반의 대답들을 담고 있다. 그는 라마나의 위대함에 대해서도 얘기하고 있다. 바가반을 찬미하여 쓴 그의 또 다른 작품은 라마나 차트바림삿(Ramana Chatvarimsat)이다. 아쉬람에서는 매일 아침 이 찬가를 암송한다. 감비람 세샤야르도 아루나찰라의 배우자인 운나물라이 암만을 찬미한 300편의 산스크리트 노래를 라마나의 은총으로 하룻밤 사이에 지었다.

무루가나르로 알려진 수브라마니얌은 티루바차캄을 본떠 라마나 산니디 무라이를 타밀어로 지었다. 그는 또한 20,000편이 넘는 시들로 이루어진 라마나 갸나 보담(Ramana Jnana Bodham)을 썼는데, 이 작품에서 그는 자신이 라마나의 도움으로 도달한 높은 영적 경지에 대하여 말하고 있다. 구루 바차카 코바이(Guru Vachaka Kovai)는 그가 지은 또 하나의 작품이다. 그는 간디를 따랐고 애국자였으며 대단히 존경받는 타밀어 학자였지만, 바가반의 헌신자가 되었고 라마나를 찬미하는 데 온 힘을 쏟았다. 사두 나타나난다는 바가반의 가르침에 대해 글을 쓴 또 한 명의 학자였다. 우파데사 만자리(Upadesa Manjari)가 그의 주요 작품이다.

그 밖에 쿤주 스와미, 수다난다 바라티, B. V. 나라심하 스와미, 폴 브런튼, F. H. 험프리, 데바라자 무달리아르, 무나갈라 벤카타라마야, 슈리 나감마, T.K. 순다레사 아이야르, 아서 오스본, 코헨, 채드윅 소령, 사두 옴 등은 모두 잘 알려진 헌신자들로서 바가반과 함께 한 날들과 그들의 경험, 바가반의 생애, 헌신자들의 질문에 대한 바가반의 대답들을 기록하고 모두 책으로 펴냈다. 이 저작들은 세상에 널리 알려졌으며, 이 책들을 읽고서 많은 독자들이 아루나찰라로 찾아왔다.

　이 외에도 인도의 여러 언어들과 외국어들로도 라마나에 대한 책들이 많이 쓰였다. 이 책들은 세계 곳곳에 있는 수많은 사람들을 슈리 바가반의 품속으로 데려오는 데 이바지하고 있다.

10
유례가 없는 성자

바가반은 신들 중의 신, 현자들 중의 현자, 스승들 중의 스승이었지만 늘 보통 사람처럼 생활하였다. 그는 목욕을 하고 식사를 하는 등 매일의 일과를 실천하였다. 그는 무슨 일을 하든 완벽하게 해냈다. 야채를 자를 때는 야채의 어느 한 부분도 낭비하지 않았으며, 심지어 시금치 뿌리까지도 버리지 않았다. 낡은 책들을 제본할 때는 철저하게 전문가처럼 하였다. 책들은 학자가 쓴 책이든, 어린이들의 동요 책이든, 또 비싼 책이든 싼 책이든 모두 똑같은 보살핌과 관심을 받았다. 바가반이 손수 쓴 글씨는 너무 아름다워서 그것에 경배하고 싶은 마음이 들 정도였다. 그가 요리한 음식은 이 세상에서 맛볼 수 없는 독특한 맛이 있었다. 어느 날 그는 다른 할 일이 없으니 옷을 빨겠다며 한 헌신자에게 그의 옷을 달라고 한 적도 있었다.

바가반 라마나는 사랑과 고통에 민감하였다. 한번은 타밀 시인 캄반을 섬기게 된 왕에 대한 글을 읽으면서 감동을 받기도 하였다. 헌신자들이 그들의 고통에 대해 얘기할 때는 눈물을 흘렸다. 그는 손님들이 어느 시간에 오든지 손님들에게 음식을 대접하고 그 자신과 다른 사람들을 조금도 구분하지 말라고 헌신자들에게 권고하였다. 그는 모든 것을 다른 사람들과 나누기를 원하였다. 그는 아쉬람에서 일하는 낮은 신분의 사람들도 다른 사람들과 같은 음식을 먹게 하였다. 바가반의 관대함은 전설적이었다. 단순한 묽은 죽이든 감로든 그는 그 음식을 모든 이들과 함께 나누었다. 그러나 한 헌신자가 그에게 맛이 쓴 에티라는 과일을 주었을 때는 혼자서 다 먹어 버렸다. 그 에티 과일의 알라칼라 독이 얼마나 그의 목을 태웠겠는가!

쉬바 헌신자들의 이야기를 읽는 동안, 그는 감정에 북받쳐 더 이상 읽을 수 없어서 책을 내려놓곤 하였다. 악샤라마나말라이에서 그는 아루나찰라에게 말한다. "오, 아루나찰라여! 사랑으로 뼈마저 녹은 헌신자의 달콤한 노래를 듣는 당신의 귀가 저의 보잘것없는 노래를 받아들이는 자비를 베푸소서." 그는 이런 식으로 헌신자의 지위를 높였다. 그는 진정 모든 미덕의 전형이었다.

11
지고의 희생

어린 소년으로서 집을 떠난 이후 겪어야만 했던 어려움들, 그릇된 마음을 품은 자들에게 당한 가혹한 수모, 그리고 사랑하는 헌신자들로부터 받은 사소한 비판 등 라마나의 희생 이야기보다 더 감동적인 이야기는 없다. 이런 희생들이 그에게는 아무런 영향을 주지 않았을지 모르지만 우리에게는 눈물을 자아내게 한다. 그는 대가족 집안에서 태어났고 12세에 아버지를 잃었다. 16세 때에는 어머니와 친척들, 친구들 곁을 떠나 아루나찰라를 찾아갔다. 그는 가지고 있던 돈과 옷을 다 버렸으며, 몸에는 허리에 두르는 옷만 걸치고 가슴에는 열렬한 사랑을 품고서 사원으로 갔다. 도착한 날 밤, 그는 세찬 바람과 소나기, 살 속을 파고드는 추위를 무릅쓰고 사원 바깥에서 허기지고 지친 몸으로 밤을 지새웠다. 그는 천 개의 기둥이 있는 홀에 머물렀는데, 그곳에서 짓궂은 아이들이 그를 괴롭히고 놀려대자 홀 아래에 있는 파탈라링가로 갔다. 이 어둡고 좁은 지하실에서는 쥐와 개미, 지네들이 그의 살을 마음껏 뜯어먹었다. 그는 여기를 떠나 구루무르탐으로 갔다. 그곳에서 그는 박쥐들이 반쯤 파먹고 정원 바닥에 떨어뜨린 과일들을 먹었다. 그곳에서 아루나기리나타르 사원으로 옮겼고, 다시 파발라쿤루로 갔으며 그곳에서는 방처럼 만들어진 작은 동굴에서 지냈다. 그의 어머니와 다른 친척들이 그곳으로 그를 찾아와서 집으로 돌아가기를 간청하였지만 라마나는 침묵을 지킬 뿐이었다.

파발라쿤루에서 6개월 동안 머문 뒤, 그는 비루팍샤 동굴로 가서 16년 동안 살았다. 그곳에서는 먹을 음식이 없을 때가 많았고, 먹는다 해도 맛없는 음식을 먹는 경우가 많았다. 산에 살고 있던 사두들은 질투심에 사로잡혀 그를 괴롭혔다. 그들은 그를 향해 큰 바위를 굴려 떨어뜨리기도 하고 돌을 던지기도 하였다. 그는 두 번째로 죽음을 체험하였다. 천식과 기침, 그리고 독침을 쏘는 말벌들이 고통을 더하였다.

허리에 두르는 옷이 누더기가 되자, 그는 찢어진 옷감에서 실을 뽑고 가시로 바늘을 만들어 옷을 기웠다. 몸을 닦을 때에는 구멍이 숭숭 난 수건을 공처럼 말아서 사용하였으며, 쓰고 난 후에는 헌신자들이 찾지 못하도록 숨겼다. 요가의 힘을 조절할 수 없었던 어느 헌신자는 라마나에게 간절히 도움을 청하였다. 라마나는 요가의 힘을 조절해 준 뒤 다음과 같이 말하였

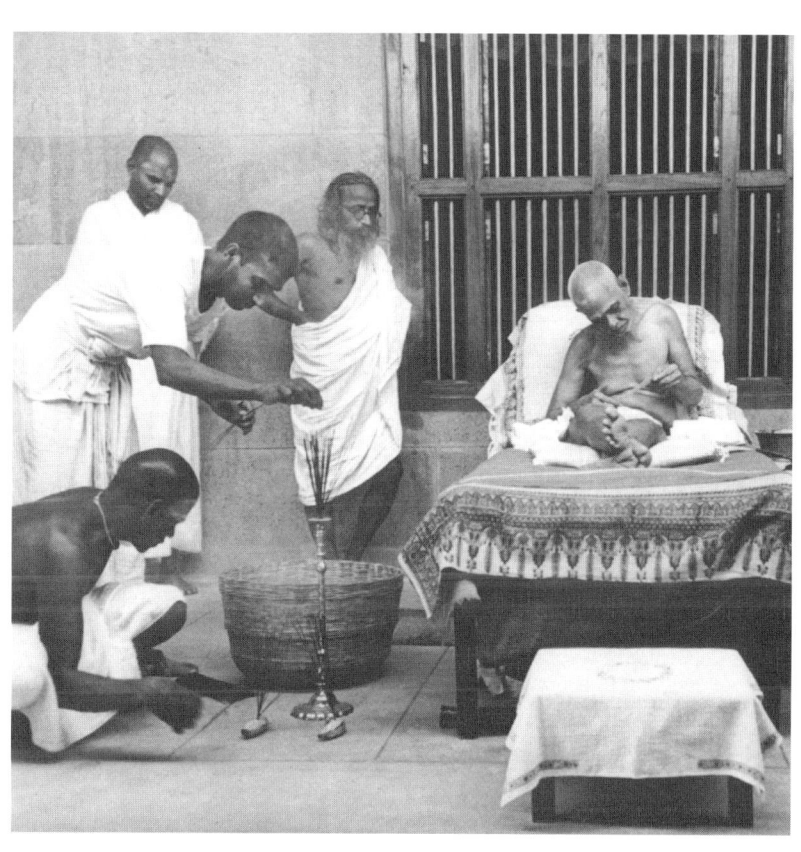

다. "그는 나에게 도움을 청했다. 나는 누구에게 도움을 청할 수 있을까?" 진정 누구에게! 그 자신이 바로 모든 구원과 힘의 원천이 아니던가? 그는 비루팍샤 동굴을 떠나 스칸다스라맘으로 갔다. 물론 그의 생활 방식은 바뀌지 않았다. 혹독한 날씨를 피하기 어려웠지만, 거기에서도 검소하고 엄격한 생활이 계속되었다. 어느 날 밤 학생 두 명이 와서 그에게 바나나를 주었는데, 그는 밤에 무엇을 먹어보기는 1년 만에 처음이라고 얘기하였다.

라마나스라맘으로 내려왔을 때는 그를 섬기던 한 헌신자가 그를 고소하기도 하였다. 바가반은 무릎 관절 류머티즘으로 고통을 받았다. 용기와 인내는 거룩한 자질들이다. 신성한 라마나는 그런 일들을 겪으며 살았다. 한때 신은 마두라이에서 자신의 헌신자의 위대함을 왕에게 알리기 위해 매질을 견뎠고, 아루나찰라에서는 헌신자들에게 그분 자신에 대한 진실을 가르치기 위하여 암의 고통을 견디었다. 그는 다가오는 그의 마하사마디를 위해 헌신자들의 마음을 1년 이상 준비시켰다. "그들은 내가 갈 것이라고 얘기한다. 내가 어디로 갈 수 있겠는가? 나는 여기에 있다." "그들은 내가 떠날 것이라고 말하지만, 나는 이전보다도 더 현존할 것이다." 이런 식으로 그는 그들에게 자신이 육체가 아님을 깨우쳐 주었다.

헌신자들의 마음을 만족시켜 주기 위하여 그는 수술과 천연 약초 치료를 받았다. 그를 치료하는 동안 의사들은 깊은 영적 경험을 하였다.

　병세가 더욱 악화된 3개월 동안 몸은 허약해졌고 상처에서는 피가 흘러나왔으며 걸을 때는 부축을 받아야 하였다. 그러나 바가반은 여전히 헌신자들에 대한 그의 사랑을 표현하고 있었고, 우는 아이들을 달래고 있었으며, 헌신자들이 식사를 하였는지 몸짓으로 묻고 있었다. 헌신자들이 그의 은총을 간구했을 때, 그는 이미 그들이 그것을 가졌다며 확신을 주었다. 이렇게 그는 요청하지 않아도 주는 아루나찰라의 위대한 영광을 보여 주고 있었다. "신은 사랑이다."라고 사람들은 말한다. 우리는 라마나 이상의 증거를 찾을 필요가 없다. 그것은 우리로 하여금 모든 이론과 모든 철학을 잊게 하고, 라마나로 불리는 오직 하나의 실체에 매달리게 한다.

　헌신자들은 미래의 희망이자 현재의 유일한 안식처였던 바가반의 몸이 날이 갈수록 약해지는 것을 보며 괴로워하였다. 그들은 바가반이 그들에게 되돌아오도록 신에게 기도하면서 특별한 푸자와 야가를 사원에서 행하였다. 많은 이들은 그에게 자신을 스스로 치료하도록 간청하였다. 어떤 사람들은 바가반에게 자신들이 그 질병을 대신 감당하게 하여 그를 구하게 해 달라고 간청하였다. 그들은 먹지도 자지도 않으며, 어떻게 손을 써야 할지 모르고 서 있었다. 이러한 상황은 헌신자들에 대한 바가반의 사랑과, 바가반에 대한 그들의 헌신을 드러냈다.

　그런데 동시에 다른 어떤 일이 일어나고 있었다. 이것은 그

상황을 완전히 새로운 시각으로 보게 하는, 전혀 다른 성격의 일이었다. 아루나찰라 그 자신처럼 강건한 어떤 기이한 힘이 그곳에 있는 모든 사람들의 가슴속에 무한한 은총으로 나타나고 있었다. 그들이 수십 년 동안 바가반과 함께 한 경험조차도 이 힘 앞에서는 무색해졌다. 이 힘은 그들을 위로했을 뿐 아니라 그들의 가슴을 황홀한 희열로 가득 채웠다.

바가반이 아루나찰라에 대해 지은 아루나찰라 악샤라마나말라이를 군중들이 노래하는 동안, 그는 기쁨의 눈물을 쏟아냈다. 유성 하나가 지나가는 것이 보였다. 꼬리는 하늘에서 지평선까지 이어지고 밝은 빛을 발하는 이 유성은 아루나찰라를 향하여 서서히 나아가더니 산과 합쳐졌다. 그것은 신성한 빛이었다. 그 신성한 빛은 그로부터 왔으며 '다른 아루나찰라'와 하나가 되었다. 깊고 형언할 수 없는 평화가 도처에 그리고 모든 사람들의 가슴속에 자리했다. 그것은 다가올 일들에 대한, 그리고 미래에 대한 약속이었다.

12

마하니르바나 이후

하루 종일 언제나 라마나를 바라보고 이야기하고 웃고 고요히 앉아 있고, 그의 현존으로 충만한 기운에 잠겨 있던 많은 헌신자들은 니르바나 후에 라마나스라맘을 떠났다. 그들은 바가반이 "나는 항상 여기에 있다."라고 한 말을 믿을 수가 없었다. 그러나 두세 달 뒤 그들은 바가반이 말한 진실을 깨닫고서 한사람씩 아쉬람으로 되돌아오기 시작하였다. 그들은 라마나가 아쉬람에 있고 그들의 가슴속에 있다는 것을 깨달았다. 또한 바가반의 은총이 현재 더욱더 강렬하게 작용하는 것을 느꼈다.

많은 사람들이 라마나가 지은 책이나 그에 관한 책을 읽고서, 혹은 그의 이름을 듣고서, 그의 사진을 보거나 꿈이나 환영으로 그를 보고서 라마나스라맘으로 찾아온다. 니르바나 후에 그를 알게 된 사람들은 라마나를 만나거나 라마나의 말을 직접

듣지 못한 것은 자신들의 복이 부족하기 때문이라고 느낄지도 모른다. 하지만 그리스도가 그 자신에 대해 말했듯이, 우리는 슈리 바가반에 대해서도 이렇게 말할 수 있을 것이다. "그를 보고서 믿는 사람은 복이 있다. 그러나 그를 보지 않고도 믿는 사람은 두 배로 복이 있다." 우리는 그리스도를 한 번도 보지 못했지만 성경에 그리스도에 대해 쓸 수 있었던 성 루카를 생각하며 우리 자신을 위로할 수 있다. 한때 바가반은 다음과 같이 말하였다. "나와 같이 있던 헌신자들은 자신들이 더 우월하다며 미래의 영적 탐구자들에게 자랑할지 모른다. 왜냐하면 그들은 육신을 입고 있는 나를 보아 왔기 때문이다. 그러나 라마나는 이 몸이 아니다." 이렇게 바가반은 그를 보지 못한 우리들도 친구, 구루, 연인 그리고 신으로서 여전히 그와 함께 할 수 있음을 확인해 주었다.

모든 계층과 분야에서 바가반을 따르는 헌신자들이 나오고 있다. 과학자와 선원, 조종사와 시인, 예술가와 학자들, 모두가 그들의 삶에 작용하는 그의 은총을 보았다. 라마나는 삶의 상처를 치유하는 향기로운 기름이다. 이것들은 단지 말뿐이 아니라 일상적 삶의 진실이다.

바가반은 알아차리지 못하는 사이에도 헌신자들에게 은총을 베풀고 있다. 그는 부자와 가난한 사람, 배우지 못한 사람과 지식인, 노인과 젊은이, 선한 자와 악한 자를 구별하지 않는다. 그는 이러한 은총의 그물을 멀리 넓게 펼치고 있다. 많은 영혼들이 이 그물에 꼼짝없이 붙잡힌다. 바가반의 그물에 걸린 영혼을 빼내는 것보다는 오히려 범람하는 강이나 태풍으로부터 나뭇잎 하나를 건지는 편이 더 쉬울지도 모른다. 많은 극단주의자들조차 그를 만나고 나서 태도가 바뀌었다고 전해진다.

마니카바차카르는 다음과 같이 말한다. "눈물을 흘리며 우는 사람은 그를 얻는다." 바가반의 현존을 느끼는 사람들은 강렬한 감정에 사로잡혀 눈물을 흘리며 울게 된다. 어떤 사람들은 그의 이름만 듣고도 눈물을 흘리며 운다. 예전에 티루반나말라이에서 출발하는 버스를 타고 가는 사람들은 라마나스라맘을 떠나는 헌신자들을 쉽게 알아볼 수 있었다. 왜냐하면 항상 그들은 무엇인가를 잃어버린 사람처럼 보였기 때문이다. 헌신자들은 신의 사랑에 흐느껴 우는 모습을 보인다. 그러나 아루나찰라 라마나는 싸늘한 가슴까지 감동시키고 그들의 가슴을 사랑과 감동으로 채운다. 이성주의자들, 놀기 좋아하는 어린 소년들, 세속적인 일과 즐거움에 빠져있던 사람들도 그들의 낡은 방식들이 없어지고 깊은 열망과 그리움이 가슴속에 채워지는 것을 알게 되었다. 그 열망은 오직 슈리 바가반을 통해서만 채워질 수 있었다. 위대한 사람들은 현명한 가르침을 통하여 우리의 지성에 호소한다. 사람들을 사로잡는 라마나의 침묵 속에는 무엇이 있었는가?

그의 생애에 대해, 그리고 혹독한 질병에 시달리면서도 다른 이들을 위로하는 그의 자비나 친절에 대해 읽는 사람들은 차마 눈물을 흘리지 않을 수 없다. 언젠가 바가반은 어느 헌신자의 부주의 때문에 땅바닥에 넘어져서 다친 적이 있었다. 라마나는 다른 헌신자들이 그를 꾸짖을까 걱정하여 어느 누구에게도 이 일을 말하지 말라고 그에게 당부하였다. 그의 무한한 자비를 어떻게 말로 표현할 수 있을까? 이렇게 많은 존재들이 한 존재에게 이렇게 많은 빚을 진 적은 없었다. 날이 갈수록 그의 명성은 높아지고 그의 은총은 더욱 힘 있게 작용하고 있다.

    라마나 헌신자들의 삶은 박진감 있는 이야기 혹은 아름다운 사랑 이야기 같다. 그들은 항상 그의 은총과 사랑의 신호를 기대하며 찾는다. 그들은 인생의 부침을 많이 맛보지만, 그들에게는 역경들을 이겨낼 구제책이 있다. 아루나찰라는 우유를 달라고 우는 아이에게 우유의 바다를 주었다. 우리가 앞서 언급하였듯이, 간절히 열망하는 몇몇 영혼들은 구루의 형태로 있는 감로 한 모금을 원하였다. 그러나 그들이 얻은 것은 라마나라고 불리는 끝없는 감로의 바다였다.

    한쪽에는 자연에 열려 있는 거대한 산이 있고, 다른 한쪽에는 모든 영혼에게 열려 있는 신성한 존재가 있다. 그들은 우리를 돕고, 우리를 구원하고, 우리에게 해방을 주기 위하여 거기에 있다. 그들에게 내맡기기를 왜 머뭇거리는가?

부록

슈리 바가반의 삶에서 있었던 중요한 일들

1879년   12월 30일 월요일, 타밀력으로는 프라마디 해, 마르갈리 달의 16일째 날 — 푸나르바수 별자리, 아루드라 달샨 날 — 오전 1시에 티루출리의 슈리 순다라 만디람에서 태어남.

1891년   티루출리 초등학교 졸업 후 딘디굴로 이사함.

1892년   2월 18일, 아버지 순다람 아이어 사망. 마두라이로 이사. 스콧 중학교와 아메리칸 미션 고등학교에서 공부함.

1895년   11월, 친척 어른을 통해 아루나찰라라는 이름을 들음.

1896년   (7월 중순경) 마두라이에 있는 슈리 라마나 만디람에서 죽음을 체험하며 완전하고 영원한 참나 깨달음에 이름.

8월 29일 토요일, 아루나찰라를 향해 마두라이를 떠남.

9월 1일 수요일, 아루나찰라에 도착. 이후 사원 내 천 개의 기둥이 있는 홀에서, 다음에는 일루파이 나무 밑이나 파탈라 링가 지하실에서 머묾. 때때로 고푸람에서 머물기도 함.

1897년	연초에 읍내 변두리에 있는 구루무르탐으로 옮겨감. 성소와 인접한 망고 숲에 머묾.
1898년	5월, 숙부 넬리아파 아이어가 망고 숲으로 바가반을 방문. 9월, 파발라쿤루로 옮겨감. 12월, 어머니 알라감말이 바가반을 만나러 파발라쿤루로 옴.
1899년	2월, 아루나찰라 산으로 감. 산 위의 여러 동굴에 머물렀으나 대개는 비루팍샤 동굴에 머묾. 여름철에는 망고 나무 동굴에 거주함.
1900년	비루팍샤 동굴에서 감비람 세샤야르의 질문들에 답을 함. 1902년에 『참나 탐구』라는 책으로 출간됨.
1902년	쉬바프라카삼 필라이의 질문에 답을 함. 나중에 『나는 누구인가?』라는 책으로 출간됨.
1905년	전염병이 도는 동안 파차이암만 코일로 옮겨감. 6개월 후 비루팍샤 동굴로 되돌아 옴.
1907년	11월 18일, 바가반과 카브야칸타 가나파티 무니와의 만남이 있었음. 바가반이 무니에게 우파데사(upadesa)를 전함.
1908년	1월에서 3월까지 가나파티 무니 및 다른 사람들과 더불어 파차이암만 코일에 머묾. 그리고 나서 다시 비루팍샤 동굴로 돌아옴. 아디 샹카라의 비베카 추다마니와 드리크 드리스야 비베카를 타밀어로 번역.
1911년	11월, 서양인으로는 처음으로 F. H. 험프리가 바가반을 만남.
1912년	바수데바 샤스트리와 다른 사람들이 동행한 가운데 거북 바위에서 두 번째 죽음을 체험함.
1914년	어머니가 병환으로부터 쾌유하기를 빌며 아루나찰라에게 기도를 드림. 다음 작품들은 비루팍샤에서 지내는 동안 쓰인 것들임. 아루나찰라 악샤라마나말라이, 아루나찰라 파디감, 아루나찰라 아

	슈타캄, 데비 칼로타라의 번역, 아디 샹카라의 닥쉬나무르티 스토트라, 구루 스투티 그리고 하스타말라카 스토트라의 번역.
1916년	어머니가 평생 바가반과 지내기 위해 옴. 나중에 스칸다스라맘으로 함께 옮김.
1917년	아루나찰라 판차라트남을 산스크리트로 지음.
	가나파티 무니가 슈리 라마나 기타를 산스크리트로 지음.
1922년	5월 19일 금요일, 어머니의 마하 사마디. 그녀의 시신을 팔리 티르탐 옆 산기슭에 묻음.
	12월 중순, 어머니의 사마디 장소로 아주 이주함. 그곳에 현재의 슈리 라마나스라맘이 형성됨.
1927년	우파데사 사라(Upadesa Sara)를 타밀어, 텔루구어, 산스크리트, 말라얄람어로 지음.
	4월 24일, 아트마 비드야(참나 지식)를 지음.
1928년	실재를 노래한 40편의 시인 울라두 나르파두(Ulladu Narpadu)를 타밀어와 말라얄람어로 지음.
1930년	삿 다르샤남(Sat Darshanam)을 타밀어로 지음. 가나파티 무니가 산스크리트로 번역.
1933년	아가마 작품 사르바갸노타라 아트마 삭샤트카라 프라카라남(Sarvajnanothara Atma Sakshatkara Prakaranam)을 타밀어로 번역.
1936년	슈리 라마나 기타를 말라얄람어로 번역.
1939년	9월 1일 수요일, 바가반이 아쉬람 안에 마트루부테스와라 사원을 짓기 시작함.
1940년	바가바드 기타에서 42편의 시를 뽑아 타밀어와 말라얄람어로 번역. 나중에 『천상의 노래』라는 제목의 책으로 출간됨.
1946년	9월 1일, 바가반의 아루나찰라 도착 50주년을 축하하는 기념행사(Golden Jubilee)가 열림.

1947년 2월, 참나에 대한 5편의 시인 에카트마 판차캄을 텔루구어와 타밀어로 지음.

1948년 6월 18일, 암소 락슈미가 니르바나에 이름.
아디 샹카라의 아트마 보다(Atma Bodha)를 타밀어로 번역.

1949년 3월 17일 화요일, 바가반이 참석한 가운데 마트루부테스와라 사원의 쿰바비셰캄을 가짐.

1950년 4월 14일 금요일, 바가반이 오후 8시 47분에 브라마 니르바나에 이름. 그 순간, 밝게 빛나는 유성이 지금의 니르바나 룸인 남쪽에서 나타나 하늘을 가로지르며 서서히 북쪽으로 가다가 아루나찰라 산봉우리 너머로 사라지는 것을 많은 사람들이 여러 곳에서 관찰함.

라마나의 아루나찰라

지은이 바가반의 헌신자들

옮긴이 김병채

초판 1쇄 발행일 2005년 2월 16일

펴낸이 황정선

출판등록 2003년 7월 7일 제62호

펴낸곳 슈리 크리슈나다스 아쉬람

주소 경상남도 창원시 북면 신리 771번지

대표 전화 (055) 299-1399

팩시밀리 (055) 299-1373

홈페이지 www.krishnadass.com

전자우편 ramanakorea@krishnadass.com

값 12,000

ISBN 89-952705-9-4 03270

Printed in Korea

• 잘못 만들어진 책은 바꾸어 드립니다.